小学梯度性习作教学

张剑平◎著

XIAOXUE

TIDUXING

XIZUO

.OXUE

合肥工业大学出版社

目　录

教学论文

教学设计

教学叙事

教学案例

教学论文

由阅卷争议引发的思考

期末阅卷，老师们又争起来了。六年级阅读题中的一道小题，要求学生写一段优美的排比句，他们为其中一个学生写的排比句"下课了，同学们有的打球，有的跳绳，有的跳皮筋"的得分，产生很大的争议：任教老师说这个排比句只给2分太不应该了，这段话错在哪儿？既然没错，就应该给满分5分。阅卷老师反驳说，二年级学生都能写出来的排比句，到六年级还得满分，岂不成了笑话？再说，这排比句，谈得上"优美"二字吗？双方争得面红耳赤，谁也不能说服谁。

我翻了一下试卷，这种得2分、3分的排比句，如"放学回家，我有时看电视，有时玩手机，有时做作业""天上的云一会儿变成小狗，一会儿变成小猫，一会儿变成小马"，超过一半。

无独有偶，师范老同学打来电话说，她通过QQ把学生的答题内容发给我——

妈妈劝我起床

妈妈对我说："昊昊，起床了。"

我说："让我再睡一会儿吧。"

妈妈说："不行！快起来。"

我说："星期六，让我睡个快活觉吧！"

妈妈说："现在几点了？起来！"

我说："妈妈，让我睡吧。"

妈妈说："不行就是不行，我掀被子了。"

我连忙起床了。

她说他们阅卷老师与任教老师正为这段对话"公说公有理，婆说婆有理"，争得不可开交。阅卷老师判了及格分，理由充分：写得太简单，达不到写对话的要求。任教老师言之凿凿：这段对话写出了妈妈劝孩子起床的真实情景，意思明了，语言通顺，标点正确，没有错别字，达到了《义务教育语文课程标准》对三年级学生提出的"写清楚"的要求，只得及格分，实在不妥。

我在这里且不论这个排比句和这段对话该如何评分，更无心去争辩"老师为什么会争议"这令人伤脑筋的问题，想引发大家思考的是：到了六年级，怎么还有那么多的同学写出只有二三年级水平的排比句以及如此单调的对话？

其实，从三年级到六年级，不要说课文中排比句比比皆是，就是导语、语文园地等中也都出现了许多排比句。这些排比句，老师必定都引导学生读了、体会了，甚至还仿写了。至于对话，三年级不要说专项训练，就是在平时的习作中，叙事、写人之类，也都少不了对话描写。既然进行了这方面的练习，在考试中，学生为什么还会写出令人尴尬的句子和习作呢？

现行的小学语文教材，是以"阅读为中心"的主题单元编写体例，不是从语言表达的角度来编写的。不管是《义务教育语文课程标准》《小学语文教学参考书》，还是语文教材，对语言表达的训练，比如排比、拟人、比喻一些典型的句型和对话之类的描写，每个年级有怎样的梯度训练、该达到怎样的要求，都是笼统的模糊的概念，没有细化，老师对此都很茫然。在平时的习作训练中，当然也就缺乏明显的序列和梯度。

一个"对话"，你要能训练20个课时来，那才是真本事；一个场面，你能教出20个课时来，那才是真本领。习作教学大家管建刚老师如是说。当然，一个"对话"，训练20个课时，那这20个课时，必定不是简单重复，而应是循序渐进、一步一个脚印的。现实的语文教学中，具备这样"本事"和"真本领"的老师，又有几何？

再来设想一下，三年级时，老师们让学生认识分号的用法，并引导他们用上分号写排比；四年级时，让他们认识排比具有列举事物说事明理的作用，重点引导他们采用列举写排比；五年级时，让他们认识排比具有增强情感的效果，重点引导他们采用排比来抒发情感；六年级时，让他们领会排比也是创作诗歌的方法，重点引导他们写诗意排比。也就是说，如果我们对学生进行了这样的梯度练习：分号排比（三年级）→列举排比（四年级）→情势排比（五年级）→诗意排比（六年级），到了六年级，他们还会写出前面那令老师存在争议的排比句吗？

同样的，如果老师对学生的对话练习，按照如下的梯度训练：言之有话语（认识对话描写，要写出人物的语言）→言之有变化（提示语位置变化、"说"意思相近词语的变化）→言之有情态（说话者的动作、神态、心理等）→议论之纷纷（七嘴八舌的语言描写）→言之有个性（人物的语言符合说话者的身份、性格等）→言之有戏剧（根据人物的对话描写改写小剧本），那么学生还会写出那样单调乏味的对话吗？

是啊，如果习作都有如此梯度训练的"脚手架"，那该多好！可是，不同表达方法、不同体裁，甚至不同句型等梯度训练的脚手架，该谁来提供呢？

——这是每位语文教育工作者不可回避的问题！

⟫ ⟫ 梯度训练：习作教学的深切呼唤

"下课了，同学们有的打球，有的跳绳，有的跳皮筋。"

这是六年级学生在考试中写的排比句。试卷结合短文阅读，要求学生写一个内容较具体、语言优美的排比句，任教老师与阅卷老师为如此的排比句得分争得面红耳赤、不可开交，因为试卷中类似的排比句将近一半！

排比句是三个或三个以上意义相近或相关、结构相同或相似、语气相同的词组或句子并排在一起组成的句子。课文中的排比句可以说比比皆是，是学生接触最多的一种句型。六年级了，为何还有那么多的学生只能写出一二年级水平的排比句？是学生之错，是老师之过，还是存在其他的什么原因？不得而知。目前语文教师仍然怕教作文，学生仍然怕写作文，其原因是多方面的，但有一点不容忽视，那就是我们语文课堂不能离手的语文教材是以主题单元为体例来编写的。

以主题单元为体例，编者在选择课文时，首先考虑的是文本的主题尽量相同、相近或相关。所谓主题，其内涵就是有关思想、道德、情感、人物、价值观等方面的内容。这种主题单元的编写体例，给习作教学带来怎样的影响呢？我们以人教版教材为例来看看：五年级下册第三单元是以言语智慧为主题的四篇课文，分别是文言短文《杨氏之子》、历史故事《晏子使楚》、剧本《半截蜡烛》、相声《打电话》，而这单元的习作却是写发言稿，这种文体与文言文、剧本、相声有多大的关联？就算有关联，也仅是要讲究言语智慧，但发言稿是什么格式、该怎么写，学生学了课文之后仍然很陌生，虽然习作要求做了介绍，但学生看了，教师讲了，学生能懂吗，会写吗？同样的，六年级上册第二单元以"祖国在我心中"为主题的四篇课文分别是《詹天佑》《怀念母亲》《彩色的翅膀》《中华少年》，这三篇散文和一首诗歌，与本单元安排的习作写演讲稿，从文体上讲，简直是风牛马不相及，它们有多大的示例作用？

这些课文，不仅没能给习作训练带来代表性的范例，而且没能给教师训练学生的习作带来一个梯度性的序列，使教师的习作训练毫无体系。人教版五年级上册的 8 次习作是：我与书的故事或仿写访谈录或写一次辩论会、20 年后回故乡、练写一篇说明文、写一幅漫画、写"遨游汉字王国"活动感受、与父母聊一聊、写读后感、写一个场景或介绍一本书；五年级下册的 8 次习作是：写一封信、童年趣事、写发言稿、感动的事、缩写、研究报告、写一个人、自由写。这一年的 16 次习作之间关联不大，看不出有什么序列性。

一年之中的习作训练没有序列，没有递进，那同样的文体，不同的学段、不同的年级之间的习作训练有序列安排吗？我们来看看小学阶段写人的习作，如下表所示。

小学阶段写人的习作

教　材	习作范围	习作特点	要　求
三年级上册第二组	通过一件事写熟悉的人	内容广泛，老师、同学、朋友、亲人都可写	写清楚一件事，写出人物的品质
四年级下册第七组	我敬佩的一个人	习作与口语交际结合，写起来很有情趣	用事例写出精神风貌，表达敬佩之情，内容具体，语句通顺
五年级下册第七组	写一个印象深刻的人	学习"人物描写一组"后写个性鲜明的人物	写一个人物，写出人物的特点
六年级上册第五组	介绍小伙伴	《少年闰土》之后的小练笔，以闰土外貌描写为例	写出人物的外貌特点

选择典型的事例，抓住人物的外貌、动作、语言、神态、心理变化等的描写来表现人物的特点或精神品质，这是写人的一般方法。看看三到六年级这 4 次写人习作的安排，每一次的要求都比较含糊，没有明显的梯度。同样是写景、记事等的安排，每个年级也都没有明晰的序列，语文教师只能以本为本。这种"盲人摸象"似的习作教学带来令人啼笑皆非的尴尬现象：三四年级写的作文，到五六年级抄一遍交给老师，就算完成任务了，

有时还得高分。考试时，六年级学生还能造出一二年级水平的排比句，也就不足为怪了。

我们试想一下：三年级时，我们让学生认识分号的用法，并引导他们用上分号写排比，力求把句子写具体；四年级时，让他们认识排比具有列举事物说事明理的作用，重点引导他们采用列举写排比，力求把句子写清楚；五年级时，让他们认识排比具有增强情感的效果，重点引导他们采用排比，力求把句子写得生动感人；六年级时，让他们领会排比也是创作诗歌的方法，重点引导他们写诗意排比，力求把句子写优美……围绕排比，每个阶段都有如此的重点训练：分号排比（三年级）→列举排比（四年级）→情势排比（五年级）→诗意排比（六年级），到了六年级，学生在考试时为了得高分，还会写出前面那让老师存在争议的排比句吗？

由此可见，对学生进行习作梯度性训练，是以主题单元为体例的语文教材所决定的，是语文教师所迫切希望的，是学生要提升习作水平所急需的，是习作教学的深切呼唤！

首先，习作梯度训练是语文课程特征的充分显现。2011年修订的《义务教育语文课程标准》在"课程性质"中对语文学科的性质界定为：工具性与人文性的统一，是语文课程的基本特点。但是我们目前以主题单元为编写体例的语文教材，彰显了人文性，忽略了工具性，这就如同人走路，语文教学前行的步伐只靠"右脚"的人文性单跳着行走，吃力而迟缓。如果把蜷缩的这只工具性的"左脚"解放出来，那么前行的步伐也就可想而知了。而习作梯度训练，就是解放语文工具性这只"左脚"的有利措施，解放了"左脚"，双脚行走乃至奔跑，语文教学前行的步伐也就加快了。

其次，习作梯度训练是循序渐进教学原则的积极体现。梯度训练，必然依据教材的编排，按照句→段→篇的顺序，先说后写，由易到难，从具体到抽象，给学生搭建一个个训练平台，循序渐进，梯度上升。比如根据现实发生的事情或者模拟生活创设情境设计心理描写梯度：巧算24写思考（三年级下学期）→趣味游戏（石头剪刀布）写揣测（四年级上学期）→通过外表写内心（五年级上学期）→面对现实直抒情（五年级下学期）→故意刺激诉委屈（六年级上学期）→"两我"争斗写矛盾（六年级下学期）。又如叙事，三年级"按顺序叙事"，四年级"抓住重点叙事"，到五六年级"一波三折叙事""倒叙插叙叙事"，等等，每个年级对每个训练都有一个侧重点。即便是一个侧重点，也有梯度，比如"波折叙事"："漫画波折"→"影视波折"→"童话波折"→"现实波折"→"内心波折"，这样的训练就有层次性、挑战性，不再是"重复过去的故事"，而是一步一个脚印，充分体现了循序渐进的教学原则。

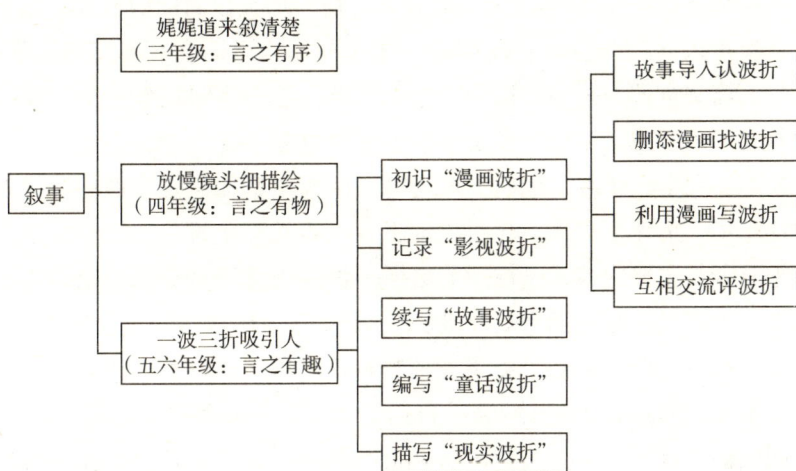

叙事
- 娓娓道来叙清楚（三年级：言之有序）
- 放慢镜头细描绘（四年级：言之有物）
- 一波三折吸引人（五六年级：言之有趣）
  - 初识"漫画波折"
    - 故事导入认波折
    - 删添漫画找波折
    - 利用漫画写波折
    - 互相交流评波折
  - 记录"影视波折"
  - 续写"故事波折"
  - 编写"童话波折"
  - 描写"现实波折"

　　再次，习作梯度训练是学生认知规律的必然需求。作文，是复杂的脑力劳动，是语言与思维的结合体。三至六年级学生，正是语言与思维的发展期，是记忆力、观察力以及思维能力由具体到抽象发展的关键时期，习作梯度训练，多以经典文章（课文和课外收集的代表性文章）为例，通过观察、活动、讨论、模仿、创作、修改、展示等多种手段，促进学生听说读写能力的全面发展。此中或创设儿童的生活情境，使其身历其境；或讲一些情趣盎然的故事，巧妙渗透；或选用一些漫画、视频，使其陶醉其中……这样，才能根据他们的心理特征，调动他们的所有学习器官，激发习作内驱力，促使他们不知不觉沿着习作楼梯步入习作高峰。这是教学适应学生认知规律的必然需求。

　　最后，习作梯度训练是教学实践的自然呼唤。我们经过了四年（三至六年级）的教学实践，取得了明显的效果。进行梯度性习作训练，教师不再像以往那样"盲人摸象"般训练，每一次训练都是有计划、有目的、有层次。学生写起来也不再摇笔杆子，他们在老师的引导下，奋笔疾书，不再感到习作是为难的事儿，而是"有情趣""有味道"的。因此，他们有更多的时间去看书、去观察、去发现，记下自己认为"值得回味的东西"，感到学习生活不再那么枯燥乏味，而是丰富多彩、有滋有味的。一旦发现有情趣的新鲜事儿，他们就会拿笔记下来，发到自己的博客或者QQ空间里："今天老师的发型不一般，我得写一写。""上课鸟儿老撞到我们教室的玻璃上，还死了两只，这是什么原因？我想以此来编写一篇童话，一定很有意思。""今天天上的云真奇怪，那么白白的四五条并排延伸着，真像是跑道，难道天上跟我们一样在开趣味运动会？多美妙的事情，我得写一篇文章。"……由于平时的一步步引导，他们观察生活，体味生活，养成了乐于观察、乐于发现、乐于创作的好习惯。

这不，到了六年级，他们不再为写一两篇文章而满足，他们要像电视剧一样一集一集地写出来。郑甜甜构想了一篇长篇小说，以三个小学生暑期当志愿者为主要内容，以每一节穿插一篇应用文（如借条、请假条、寻物启事、申请书、邀请函等）的形式，来反应当代农村小学生热情好学、积极参加社会实践、热心公益事业的精神。"我已经写了近两万字，还只写了一半呢。"她说着脸上写满了自信。王思晴则以遛遛、静静、闹闹三个不同性格的孩子为主要人物，以学校以及周边为主要环境，体现现在农村孩子的学习生活情况。"这三个人物，是以我们班上的同学为原型的，发生的事情大多是我们身边的，当然有许多是看来的、想到的，或者是听说其他学校发生的事情。"她说着，满脸笑容，手不停地翻着厚厚的一本《遛遛、静静与闹闹》。姚寒枫、胡文斌、张锦国三个男同学合写了《太空星球奇遇》，喜欢跟风的杜昕妍写了《我是海中水孩子》……

望着孩子们从内心深处流露出来对写作的喜爱情感，我们不由得大声呼喊——

梯度训练，习作教学的深切呼唤！

梯度性习作目标梳理

温儒敏教授在《温儒敏论语文教育》一书中指出：教学中，不一定要照搬教材的作文教学体系，最好能依托自己的经验，并面对学生，从实际出发，选择某一种体系作为框架，加以调整，形成自己的写作计划。实践证明：小学生的习作训练，需要一整套的训练体系。要设计梯度性习作训练体系，首先必须梳理出明确的目标。

小学习作属于起步阶段，应该把培养兴趣放在首位，多鼓励，低要求。基于这样的认识，依据 2011 年版课标，我们要在把握好小学阶段的习作总目标的前提下，厘清二三学段习作目标的梯度性。

一、解读习作总目标

2011 年版课标对习作总目标描述如下：能具体明确、文从字顺地表达自己的见闻、体验和想法。能根据需要，运用常见的表达方式写作，发展书面语言运用能力。

梯度解读："具体明确"是对写作内容的基本要求，对小学生的要求尤其重要。具体不空洞，明确不含糊，要求我们教师让学生学作文从起步开始就打上描写具体、态度明确的诚实底色，不要假大空，要写真话、实话、心里话。"文从字顺"是语言表达上的基本要求，不要求学生写得多优美多有文采，能把内容恰如其分地表达出来，意思清楚、语言通顺即可。

"自己的见闻、体验和想法"，就是要求学生的习作是从心底流淌出来的实实在在的内容。当前学生的习作存在的最大问题是胡编乱造，这与我们语文老师的要求有关，如"要写别人没写过的""要写精彩""要让人看了眼前一亮"……诸如此类的高要求，框住了学生的手脚，而老师的引导却没能触及学生的内心，没有触发他们的生活感受和情感积淀，无法让他们愿意动笔描写所见所闻所感。"自己的见闻、体验和想法"，就是要给学生一个自主习作的空间，让他们真实自在地弹拨自己的心曲，写下自己的生活感悟、体验和想法。

"发展书面语言运用能力"，书面语言与口头语言运用有较大的区别，初习作文，从口头语言发展到书面语言，从说到写需要逾越一个个障碍，"根据需要，运用常见的表达方式"就是逾越障碍的具体措施。因此，在习作的初学阶段，我们要紧紧用"常见的表达方式"引导学生，让他们从会说到会写、要写、能写，乃至于善写，让他们的写作先能"走稳"，然后"跑起来"，最后"飞起来"。

二、解读学段目标及其梯度性

2011年版课标对第二学段习作目标的描述是：观察周围世界，能不拘形式地写下自己的见闻、感受和想象，注意把自己觉得新奇有趣或印象最深、最受感动的内容写清楚；尝试在习作中运用自己平时积累的语言材料，特别是有新鲜感的词句；学习修改习作中有明显错误的词句；根据表达的需要，正确使用冒号、引号等标点符号；能用简短的书信、便条进行交流。

2011年版课标对第三学段习作目标的描述是：懂得写作是为了自我表达和与人交流；养成留心观察周围事物的习惯，有意识地丰富自己的见闻，珍视个人的独特感受，积累习作素材；能写简单的记实作文和想象作文，内容具体，感情真实；能根据内容表达的需要，分段表述；学写读书笔记，学写常见应用文；修改自己的习作，并主动与他人交换修改，做到语句通顺，行款正确，书写规范、整洁；根据表达需要，正确使用常用的标点符号，习作要有一定速度。

梯度解读：第二学段是习作的起步，初习写作兴趣尤为重要，因此，必须低要求，呵护好学生习作的新奇感和情趣性——让学生不断享受习作的快乐，收获习作的成就感，是这个学段习作的重要目标；到了第三学段，让学生明白"写作是为了自我表达和与人交流"，作文的功能在于交际，学习作文不是为了得个分数、评个等级，而是为了反映生活、表达情感，写作是为生活服务的，这是这个阶段的主要目标。因此，学生对于习作的情感认识梯度是——感性→理性；情趣习作→情感表达需要。

第二学段习作的重点要求是围绕一个意思表达清楚，注意句与句之间的联系，注重片段训练；第三学段就要注意文章的开头与结尾，注意首尾的呼应、上下文的衔接、前后的关联等，特别注重篇章的写作训练。因此，学生习作篇幅训练的梯度是——片段→篇章。

对于习作内容表达的要求，第二学段是"注意把自己觉得新奇有趣或印象最深、最受感动的内容写清楚"，第三学段是"能写简单的记实作文和想象作文，内容具体，感情真实"。因此，习作内容表达要求的训练梯度是——写清楚→写真实具体。

写作必须具备两个方面的材料：语言材料和生活材料。第二学段要求"尝试在习作中运用自己平时积累的语言材料，特别是有新鲜感的语句"，侧重点在于积累语言，丰富语言；第三学段要求"养成留心观察周围事物的习惯，有意识地丰富自己的见闻，珍视个人的独特感受，积累习作素材"，侧重点在于留心观察，积累生活材料。因此，习作材料侧重点的引导梯度是——丰富语言→丰富见闻。

第二学段"能不拘形式地写下自己的见闻、感受和想象"，第三学段"能写简单的记实作文和想象作文"，两个学段都要求"记实"和"想象"，然而，两个学段的侧重点应有所不同：对于记实，第二学段应该注重最近发生的事情，或者教师有意识地组织开展的活动，对于他们来说，这些更容易写些；而第三学段，就不局限于刚刚发生的事情或开展的活动，可以是对过去一些事情的"回忆"记实。而想象有不同角度的想象，比如童话需要想象，对未知领域或未来的畅想需要想象，第二学段应该侧重于童话想象的训练，第三学段应该侧重于畅想作文的练习。因此记实训练的梯度是——"现场记实"→"回忆记实"。想象习作的梯度是——童话想象→畅想未来（未知）。

作文为生活服务，对于应用文，第二学段要求"能用简短的书信、便条进行交流"，第三学段要求"学写读书笔记，学写常见应用文"。因此应用文的训练梯度是——简短书信、便条→常见应用文。

至于习作修改，第二学段是"学习修改习作中有明显错误的词句"，第三学段是"修改自己的习作，并主动与他人交换修改"。因此学生修改习作形式的梯度是——自改→自改互改相结合。修改内容的梯度是——明显的词句→整篇习作。

当然，习作的速度、习作中标点的运用等都是逐步提升的，这里就不赘述了。

梯度性习作课程内容架构

梯度性习作教学课程，不是从某一方面来架构的，而是从学习语言规律、文章的不同体裁以及不同的表达方法三个角度来进行架构。

一、依据语言学习规律架构习作梯度

孩子牙牙学语是从一个音、一个字到一个词，然后连词成句，再将一句话一句话连起来表达意思。习作梯度训练就是遵循这种语言学习规律，由易到难，从句式到片段到篇章，呈螺旋式梯度上升。

一是句式梯度。至于句式梯度，首先是典型的句型，比如比喻梯度、排比梯度、拟人梯度、问句梯度等。其次课文中会出现一些具有代表性的句式的梯度训练。这种课文典型句式梯度训练有平行拓展式和纵深延续式，如《燕子》："一身乌黑光亮的羽毛，一对俊俏轻快的翅膀，加上剪刀似的尾巴，凑成了活泼机灵的小燕子。"这段话采用了"一身+一对+加上+凑成"这样的句式，把燕子外形的特征描写得十分有趣。我们在教学时，就可以引导学生，仿照这样的句式，一步一步让他们从动物的外形到人物外貌以及物品外表进行延伸拓展梯度训练，将这种句式内化成自己的表达。又如《我们的民族小学》（现在题目改成《大青树下的小学》）中这么一句话："'当，当当！当，当当！'大青树上的钟声敲响了。"先用象声词描摹声音，然后告诉读者是什么发出的声音。可以先让学生仿照"象声词+告诉"的句式写一句，然后引发其思考：发出这种声音时是什么时间、什么地点、当时有些什么人、当时的状况如何……这样一步步思考，向纵深延续写下去，轻松愉悦，情趣盎然。

二是片段梯度。一个片段往往表达一个意思，这种意思的表达，必然有不同的方法，这就集中在片段的梯度训练之中，比如描景梯度、写人梯度、状物梯度、叙事梯度、场面描写梯度等。

三是篇章梯度。整篇文章结构的完整性相当重要，因此就有这方面的梯度训练，比如总分总结构梯度、段落之间的过渡梯度、文章的开头与结尾梯度、前后呼应梯度、有详有略梯度等。

二、依据文章体裁架构习作梯度

不同的体裁有不同的写法，也就有不同体裁的训练梯度：说明文梯度、童话梯度、应用文梯度、诗歌梯度、读书笔记梯度、议论文梯度等。当然，小学习作教学重在记叙文的梯度训练。

三、依据写作技巧架构习作梯度

写作技巧不是一两次训练就能掌握并能灵活运用的，因此就有了表达方法的梯度训练，比如人物描写梯度就有对话描写梯度、动作描写梯度、外貌描写梯度、心理描写梯度、细节描写梯度等。又如叙事的波折、叙述的顺序（顺叙、倒叙、插叙）、正（侧）面描写、悬念等，这些都是表达梯度的范畴。

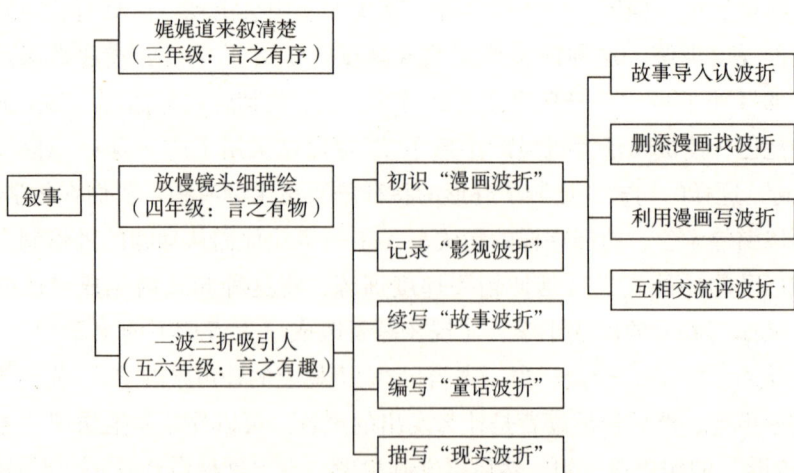

叙事
- 娓娓道来叙清楚（三年级：言之有序）
- 放慢镜头细描绘（四年级：言之有物）
- 一波三折吸引人（五六年级：言之有趣）
  - 初识"漫画波折"
    - 故事导入认波折
    - 删添漫画找波折
    - 利用漫画写波折
    - 互相交流评波折
  - 记录"影视波折"
  - 续写"故事波折"
  - 编写"童话波折"
  - 描写"现实波折"

在梯度性习作教学实践中，往往会出现梯度训练的相互交叉，比如说明文梯度中的"童话说明文"与童话梯度中的"说明文童话"、比喻梯度之中的"诗意比喻"与诗歌梯度中的"比喻诗歌"等，这种梯度训练的相互交叉是多角度、多层次构架梯度性习作教学的必然结果，是语文学习反复训练与巩固提升的必要措施。在这种多角度、多层次的梯度习作教学中，即使是单方面的训练，也是层层推进的。

　　当然，有一点需要说明，那就是每个梯度的训练，不是孤立直线式的，而是相互交融、相互促进、螺旋式上升的，比如在"言之有序"重点训练中，也会触及"言之有物""言之有趣"的练习，只是侧重点不同罢了。

➤➤➤ 梯度性习作课程教学设计

习作教学大家管建刚老师说：一个"对话"，你要能训练 20 个课时来，那才是真本事；一个场面，你能教出 20 个课时来，那才是真本领。一个"对话"、一个场景训练 20 个课时，这 20 个课时，不是简单重复的机械训练，而是梯度性训练，这种"真本事""真本领"就是习作梯度性课程的设计。我们该怎样设计这种梯度性习作教学呢？

一、习作梯度课程必须依据表达方法精心设计

表达方法自有其特点，可以依此精心设计习作梯度训练。

排比，就是把三个或者三个以上结构相似、意义相关、语气一致的词组或者句子排列在一起的修辞手法，能把事物描写得生动细致。写排比句一般会用上分号，以此设计"分号排比"；排比能列举事物将问题说清楚，以此设计"列举排比"；排比能抒发强烈的情感，增强气势，以此设计"情势排比"；诗歌创作少不了排比的修辞手法，可以结合拟人、比喻等设计"诗意排比"。这样，就有了排比句的训练梯度：分号排比（三年级）→列举排比（四年级）→情势排比（五年级）→诗意排比（六年级）。

叙事表达最基本的要求是言之有序、言之有物和言之有趣，以此，我们设计了叙事梯度训练：顺序叙事（三年级）→重点叙事（四年级）→波折叙事（五六年级），在每个叙事梯度中，又存在内部梯度，比如顺序梯度有时间顺序叙事、地点顺序叙事、事情发展顺序叙事，到六年级又发展为顺叙、倒叙、插叙、补叙等，这个梯度训练与波折叙事梯度相结合，呈螺旋上升状。

童话体裁创作最基本的方法是拟人化，而构筑童话最重要的是情节，

童话是富有诗意的，是神奇迷人的，常常引起人们的遐想，深得人们的喜爱，同时，人们往往采用童话的形式来介绍事物和创作诗歌。根据童话的这些特点，我们设计了童话梯度：拟人童话（三年级上学期《花钟》上过之后）→情节童话（三年级上学期第七组习作）→诗意童话（四年级上学期）→神奇童话（承接诗意童话）→共串童话（四年级整个下学期长篇童话创作）→说明文童话（五年级上学期）→诗歌童话（六年级上学期）。

二、习作梯度课程必须依据教材内容巧妙设计

通览小学语文教材，细细研读课文，体味课文写法，我们可以从主题单元体例习作训练的"蛛丝马迹"中巧妙设计一些习作梯度训练。

五年级上册第三单元安排了《鲸》《松鼠》《新型玻璃》《假如没有灰尘》四篇说明性文章，要求学生了解基本的说明方法，并加以运用。我们就紧抓教材编排，设计了梯度训练："抄写"说明文→推销说明文→童话说明文→"正经"说明文。

1. "抄写"说明文。课文《鲸》后面安排了一次小练笔：根据课文和自己搜集的资料，以"鲸的自述"为内容写一篇短文。这次习作的目的：一是激发兴趣，让学生易于习作；二是将课文或搜集的有关鲸的资料，改成第一人称"我""我们"来介绍，更换人称与语调，能组织材料有序说明。"哈哈，天下文章一大抄，看我会抄不会抄！"老师引导之后学生嘀咕着动笔写起来，不抓耳挠腮，写得轻松。

2. 推销说明文。本单元的"口语交际"是"我当小小推销员"，可以设计推销说明文，先让他们准备一个"宝物"，推销给同学或老师，要求他们多采用一些说明方法把"宝物"的外形、结构、用途等说清楚。推销交流之后，再让他们写说明文。这次练写的目的是进一步采用列数字、举例子、做比较、打比方等说明方法来介绍"宝物"，同时会带着感情来说明。

3. 童话说明文。同学们都喜欢童话，我们就结合课文《新型玻璃》的内容，将童话与说明文结合起来，让他们写童话说明文《新型玻璃开会》。首先告诉他们童话的情节：一天，玻璃村村长要求新型玻璃参加会议，商量玻璃家族该如何更好地服务人类。于是，各种新型玻璃都赶来开会。会上，大家互相认识了对方，都很高兴，也介绍了各自的特点和功能，并表示会尽全力服务人类。村长对工作时间和场所做了安排，会议在和谐愉快的氛围中结束了……接着让他们讨论童话细节：各种玻璃是怎么自我介绍的，然后让他们写。童话说明文的练习，不仅锻炼学生初步运用举例子、打比方、做比较等说明方法来写说明文，更重要的是使他们感到习作很有趣，喜欢写说明文。

4. "正经"说明文。"正经"说明文就是书本上安排的习作：练习写一篇说明性的文章。写这篇文章的要求：一是按顺序来写，二是用上说明方法。其实，这"按顺序来写"在"抄写"说明文中已经练习过，而"用上说明方法"来说明，在童话说明文和推销说明文中也都操练过。由于有之前的演练，这次说明文学生写起来也就轻松愉快了。

教材的课文、"口语交际"、习作，为习作梯度设计提供了一些内容和线索，而"语文园地"中的"我的发现""趣味语文"等细小的内容，也为习作梯度提供方便。四年级下册"语文园地四"中"我的发现"是让学生体会比喻句的不同感情色彩，为此，我们就设计了"情感比喻"，不仅仅让学生体会比喻句隐含的不同情感，还训练他们根据情感的需要写比喻句，很好地表达情感；六年级下册第二单元的"趣味语文"《有趣的标点》，把杜牧的《清明》改写成了一出精致的小短剧，为设计对话梯度系列之中的"言之有戏剧"提供服务。引导学生不看书先试试改写小短剧，然后看书，知晓小短剧的格式，再将感兴趣的短文《傻瓜国王》改写成小剧本，并让他们以此形式来反映同学们的学习生活，选取他们改编的小短剧在庆祝六一活动中演出，他们兴趣盎然……

三、习作梯度课程必须依据学生学习生活灵活设计

文学来源于生活，学生的习作自然离不开他们的学习生活。

我们学校有一个弘德科技馆，学生的科技活动比较多，我们以此来引导他们习作。四年级第二学期，学生参加了腐婢的剪枝、插枝、拔苗以及制作观音豆腐等一系列的活动，这些活动丰富了他们的学习生活，给他们带来了许多乐趣。身历其中，他们拥有言之不尽的感触，为此，我们设计了"重点叙事"的习作梯度训练：情趣叙事→新奇叙事→启示叙事→曲折叙事。

每一次习作，都要求学生围绕"情趣"（或"新奇"，或"启示"，或

"曲折")二字，将事情叙述清楚：在这一系列的活动中，你觉得哪次活动最有"情趣"（或"新奇"，或"启示"，或"曲折"）？有哪些人？他们各自说了什么、做了什么？当时的情景怎样？将当时的场景用文字"播放"出来，让人看了有身临其境的感觉。

通过这几次叙事，我们要使他们明白：叙事要抓住中心，把重点叙述具体。老师还用了一个课时来欣赏他们的习作，这不仅仅是欣赏优秀的习作，更重要的是比较，将写同一个内容但不是同一个中心的几篇习作投影出来，分析对比，交流感悟，让他们进一步明白如何围绕中心抓重点来写具体。

又比如，我们根据现实发生的事情或者模拟生活创设情境设计了心理描写梯度：巧算 24 写思考→趣味游戏（石头剪刀布）写揣测→通过外表写内心→面对现实直抒情→故意刺激诉委屈→"两我"争斗写矛盾→灵活思维妙推理。

有时我们还会根据事物的特征，结合文章体裁、表达方法等灵活设计，比如学生特别喜爱丰富多样的色彩，根据其美感与功效，我们设计了色彩训练梯度：色彩画面（三年级）→色彩童话（四年级）→色彩说明（五年级）→色彩诗歌（六年级）。

不管是依据表达方法和教材内容，还是依据学习生活实际，习作梯度往往都是综合起来设计，以满足梯度训练的需要。

>>> 梯度性习作课堂教学方法

梯度性习作课堂的作用，就是老师替学生搭建一个个阶梯，让他们一步一阶，逐步走向习作高峰。

梯度一：紧抓心理激其趣

不管什么事，有了兴趣，再大的困难也无所谓，做起来都有劲儿。而习作，对于学生来说，或多或少都有些害怕，为了让他们学起来有情趣，写起来有精神劲儿，我们就得紧抓他们的心理，让他们趣之、乐之。

案例："抓特点写外貌"教学片段

师：同学们，我们来猜猜谜语好不好？看看哪几个同学是猜谜语达人！

同学们一下子来了兴趣。

师：我们请第一排前3个同学猜第一个谜语。

老师出示——

> 猜猜是谁？
> 有这么一个人，肥头大耳，肚子很大，能吃许多，手拿一个钉耙……

第一排3个同学全举了手：猪八戒，是猪八戒！

师：嗯，这3个同学都猜对了，余下的同学一起猜第二个谜语。

老师出示——

> 猜猜是谁？
> 有一个人，头上有两只眼睛，两只耳朵长在头两边，鼻子下边长着还有一张嘴，嘴里有许多牙齿，个子不高不矮，手拿一根棍子……

没一个人举手。

师：怎么？都猜不出来？那——这3个同学就是猜谜语达人。

同学们都露出不服的表情。

师：不服？这个谜语提示的字数比第一个谜语多，猜的人数是猜第一个谜语的十几倍，有什么不服？

同学们更不服气了，七嘴八舌说开了：猪八戒那谜语有猪八戒的特点；这谜语是谁，谁猜得出；这谜语告诉我们的是大家都有的；是啊，谁都有两只眼睛、两只耳朵，鼻子下都有嘴巴，嘴里都有牙齿，没什么特点；对对对，个子不高不矮的人有许多……

从孩子们感兴趣的谜语入手，激发他们不服的心理，通过辩解和讨论，使他们深刻感受人物的外貌描写必须抓住特点，这就为后面"帮警察抓歹徒"环节（根据匪徒图片描绘匪徒外貌）做好了充分的准备。

梯度二：品赏案例悟其法

"习作，必须得法。"但是，写作方法不能"脱离实际运用，围绕相关知识的概念、定义进行'系统、完整'的传授与操练"，而应该"根据语文运用的实际需要，从所遇到的具体语言实例出发进行指导和点拨"（2011年版《义务教育语文课程标准》）。我们平时阅读的文章，包括故事、绘本，甚至漫画等，都可以作为我们引导孩子领悟方法的案例。

案例："叙事波折（漫画波折）"教学片段

师：相传，清代大才子纪晓岚有一次为好朋友的老母祝寿，当即作诗一首，劈头一句就是："这个老娘不是人。"宾客们吓了一大跳，纪晓岚却不慌不忙继续念道："九天仙女下凡尘。"大家松了一口气，迅速鼓掌叫好。纪晓岚又念下去："生个儿子却做贼。"此时，宴会主人脸上勃然变色。哪知纪晓岚又从容地说："偷得蟠桃献娘亲。"哈哈哈，亲朋好友无不欢笑举杯，畅饮为快。

师：这故事怎么这么吸引人？纪晓岚劈头一句骂朋友老母，接着来一句，就变成夸赞了；这还不够，紧接着又来一句骂儿子，在别人莫名其妙之时，又峰回路转。

老师边说边——出示——

这个老娘不是人，（骂母——令人生气）
九天仙女下凡尘。（夸赞——鼓掌叫好）
生个儿子却做贼，（骂儿——令人愤怒）
偷得蟠桃献娘亲。（夸赞——举杯欢庆）

引导分析思考并出示——

不是人 ——波折—— 九天仙女
儿做贼 ——波折—— 偷桃献娘

老师接着出示第一组漫画图片——

师：父亲与儿子去踢足球，踢好了，父亲抱着儿子回家了。有情趣吗？

出示第二组漫画图片——

师：这一组漫画似乎有点情趣了，足球掉进了下水道，有点故事味了。再看下一组。

出示第三组漫画图片——

师：同学们都笑了，为什么笑？哦，儿子把父亲的光头当作足球踢了，很有趣。其实，这就是叙事的波折。

这样，老师让学生从纪晓岚替朋友母亲祝寿咏诵的诗句中初步了解了叙事的波折，紧接着有层次地出示三组漫画，让他们在欣赏交流的愉悦氛围中，感受叙事的波折给作品带来的魅力，为后面有波折地去叙事奠定了坚实的基础。

梯度三：巧妙诱导入其境

安徒生，独自来到森林，在大自然的静谧中构写一篇篇脍炙人口、妙趣横生的童话；海明威，独自坐着小船，在风平浪静的海面上，写出一篇篇耐人深思、回味无穷的作品；郭沫若，独自狂奔在房间里，一句句激情澎湃的诗句从热血沸腾的笔杆子里奔泻而出……要写出好的文章，必须有安静的环境、激荡的情感，否则，即便是大家，也难以写出。因此，习作之前的情境创设、情感激发就显得尤为重要。

案例："情势排比"教学片段

师：（深情讲述）有这么一个真实的故事，发生在一个旅游观光区，一家三口正高高兴兴地坐在缆车上观赏周围群山的风景，突然缆车绳索断裂，三个人随即掉入水潭。说时迟，那时快，爸爸用双手将女儿举过头顶，努力举出水面。女儿没被水淹没，而她最爱的爸爸妈妈，却永远地离开了她。

紧接着，老师播放韩红演唱的《天亮了》，出示歌词，学生对着歌词哼唱。

在韩红如泣如诉、娓娓道来的忧伤歌声里，学生被父母伟大的爱所感染，被小女孩失去父母的孤苦所萦绕。

师：（饱含深情）事后，小女孩陷入了深深的痛苦之中，这痛苦有思念、有愧疚、有无助。此时此刻，如果你就在小女孩的身边，你会怎样安慰这个伤感的小妹妹？同学们，文字有情感，排比更有情感，你的排比安慰啊，要有真情，要有力量，要让小女孩动心——让这个不幸的孩子不再愧疚、不再悲伤、不再消沉。快拿起笔写个排比句，让她从痛苦的阴影里走出来！

就这样，在悠扬伤感的旋律中，学生的情感被激发了，一句句饱含情感的安慰排比句从笔尖流泻而出——

小妹妹，灾难深重的小妹妹啊，我真想把你领回家，让你成为我的亲妹妹，我的父母就是你的亲父母，我就是你的亲姐姐，我会以百倍的爱来谦让你、呵护你、帮助你、激励你，你就是我引以为豪的妹妹！（郑甜甜）

小妹妹，你失去了深爱你的父母，但是，不要悲伤，不要痛苦，不要难过，擦干痛苦的眼泪，抛却伤感的迷雾，走出消沉的阴影，因为，天亮了，我们都是你的亲人啊！（杜昕妍）

学生"入境"了，自然就"情动"了；"情动"了，自然也就"辞发"了。正所谓"情动而辞发"也。

梯度四：步步架梯登其峰

梯度训练，就是搭建梯子，让学生一步一步，拾级而上。

童话，学生都喜欢，但是让三年级孩子写童话，还是有些困难的，于是，老师就得给学生搭建梯子。

梯子一：充分利用课文，知晓童话必备要素——人物和情节

老师引导学生思考：童话《陶罐和铁罐》和《狮子和鹿》里各有哪些主要人物？他们之间发生了哪些事？引导学生复述，并投影填写表格。

课文童话	童话人物	童话情节	童话主题
《陶罐和铁罐》	陶罐 铁罐	铁罐奚落陶罐，多年以后，人们赞美陶罐，铁罐却化为泥土	人各有长处和短处，要善于看到别人的长处，正视自己的短处
《狮子和鹿》	狮子 鹿	鹿抱怨自己腿难看，鹿遇到狮子，差点因喜爱的角而丢了性命	物各有长短，要正确看待；不要只看外表，更要看适用

通过填表思考，让他们懂得童话必备的要素：人物和情节。

梯子二：交流动物特点，构筑童话情节

让同学们戴上课前准备的动物头饰，说一说动物的喜好和特点，并把他们分组，让他们合作构筑童话情节：想一想，童话人物是谁？有什么特点？其因这个特点会与其他动物发生什么矛盾？起因、经过、结果是怎样的？

梯子三：演一演，丰富童话内容

老师把同学们带到操场上，让他们戴上动物头饰，按照准备好的情节，以小组为单位演一演，并让他们根据表演时出现的情况，修改情节，将改好的童话故事再演一演。

梯子四：说一说，理清童话情节

回到教室，让他们把最后表演的故事都说一说：故事发生在什么时间？什么地点？是怎样的事情？起因、经过、结果是怎样的？故事中的小动物怎么说、怎么做？

小组成员先说，然后选取小组代表在班上交流、评议：童话人物是哪些？童话情节说清楚了吗？有趣吗？给人以启发吗？可以怎样将故事说得更好些？

梯子五：写一写，精彩童话故事

要求他们把刚才说的故事写下来，给童话取一个合适的题目；给每个小动物取个好听的名字；将童话故事写清楚，力求写得有情趣。

先演后说，说后再写，而且充分交流，孩子们写起来自然轻松愉快了。

开课激其趣，实例悟其法，入境动其情，情动而辞发，伴随着这轻快的梯度习作课堂教学四法，学生一步一阶，脚步轻盈而稳健，逐步登上习作高峰，领略习作的无限风光。

"以阅读为中心"课程形态下的梯度性习作训练

美国应用语言学家克拉申说过：完整的语言学习过程应该由语言"输入"（理解记忆）和语言"输出"（运用表达）两个环节构成，如果没有语言输出，要真正掌握一门语言是不可能的。

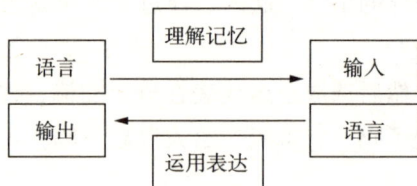

```
                    理解记忆
   ┌────────┐  ──────────────→  ┌────────┐
   │  语言  │                     │  输入  │
   └────────┘                     └────────┘
   ┌────────┐  ←──────────────  ┌────────┐
   │  输出  │                     │  语言  │
   └────────┘      运用表达        └────────┘
```

由此可以明显看出：完整的语言学习过程当中的理解记忆之输入（读、听）与运用表达之输出（说、写），相当于我们人体呼吸过程之中的吸进和呼出，是同时进行、缺一不可的。这就要求语文教学必须将语言的运用表达之说和写与理解记忆之读和听，放在同等重要的位置。

而目前我国语文教学的课程形态却以阅读为中心。上海师范大学吴忠豪教授指出——"以阅读为中心"的课程形态能够最大限度地满足语文课程对学生思想品质的教化功能，其优势是毋容置疑的，但这样的课程形态有着与生俱来的缺陷，就是难以保证表达在语文课程中的重要地位，"以阅读为中心"的课程形态过于强势的阅读活动挤压了"说"和"写"活动的时间和空间，严重地影响了学生表达能力的提高。这就有一个不容忽视的亟待解决的问题摆在我们语文教师面前：在"以阅读为中心"的课程形态下，如何强化学生的语言表达能力？如何强化学生的习作能力？

我想，我们语文教师首先要在思想上重视，深刻把握我国目前语文课程形态的特点，增强语文表达训练的意识；其次，也是极为重要的是在教学实践中，要不拘泥于形式，努力突破僵化的课程形态，寻取行之有效的语言表达训练策略，以切实提升学生的语文素养。

策略一：紧抓单元课文的显性特征进行梯度习作训练

现行小学语文教材各版本都有一个共同点：单元内容围绕专题编排，这样，同一单元的课文就有相同的表达方法。教师可以抓住这一明显的特征设计小练笔让学生训练。

比如人教版六年级上册第一单元以"感悟大自然"为主题编排的几篇课文，在表达方法上就有一个共同点：展开丰富的联想和想象，运用比喻、拟人等修辞手法，从不同的角度展示了大自然无穷的魅力。

教《山中访友》时，教师就可以抓住"我靠在一棵树上，静静地，仿佛自己也是一棵树"这句话引导学生："我"仿佛是一棵树了，"我"就融进了山中，融进了大自然，"我"与树融为一体了。同学们，想一想，树在山中会与哪些朋友生活在一起？假如你就是这山中的树，与默默无闻的石桥爷爷、喜欢吟咏诗歌的溪流哥哥、拥有智慧的悬崖叔叔等生活在一起，会发生哪些有趣的事？请展开想象的翅膀，以"我就是树儿"为题描绘下来。学生定会情趣盎然地去想象、去叙写。

《山雨》是一篇文质兼美的抒情散文，是丰富想象、积累语言的极好范本，教师可以激发学生的想象，以"我就是山雨"为题进行练笔，让学生与感兴趣的景物进行巧妙的对话，并提醒他们课文中那些优美的语句可以巧妙运用。学生写起来觉得很有情趣，就不会感到为难了。

同样，教《草虫的村落》可以让学生将自己想象成迷了路的游侠，或是蜥蜴，或是草虫村落的导游等，然后写下来。

这样，抓住课文表达上的显性特征，让学生转化角色、自我融入进行练笔，不仅让学生深刻感悟了课文所饱含的思想感情，而且激发了他们的习作情趣，丰富了学生的联想和想象，为本单元的习作"把自己想象成大自然的一员"做好了丰厚的铺垫，真可谓一举多得。

策略二：巧扣教材编排的纵向联系进行梯度习作训练

现行的语文教材在习作内容的编排上，注重了铺垫和照应，因此，我们要巧扣教材的纵向联系，强化习作训练。比如人教版课标安排的"写景"习作，参看下表。

人教版课标安排的"写景"习作

教 材	范 围	习作特点	要 求	写 法	评 改
三年级上第三单元	选（画）秋天的画面写下来	写画中景色，先说后写	写清楚，语句通顺	选用积累的语句	同桌交流，读改；重鼓励，展示习作
三年级下第一单元	介绍家乡景物	观察后再写，与口语交际结合	有序写出特点，表达爱家乡之情	借景抒情	交流评改，展览，享受"成功"喜悦
四年级上第一单元	介绍一处自然景观	结合口语交际	写出景物的奇妙，言之有序	有声有色，动静搭配	互评互改，展示习作
四年级下第一单元	写校园一处景物	观察后写	细观察，抓特点，按顺序，写具体	写景与叙事结合	选读代表性习作点评，自改
六年级上第一单元	我是大自然的一员	想象空间大，极富情趣性	展开想象，融入情感，力求具体	展开想象，运用拟人、比喻等修辞手法	展评，赏析

抓住景物特点，按照一定的顺序写出景物的美，以抒发内心情感，这是写景文章的特点。如果从三年级到六年级都这么要求，训练没有层次，就显得空乏，因此，我们要把握不同年级的要求，让每次习作都有训练的侧重点。三年级上册这次写景训练，要求学生按图画的顺序把图景写清楚就可以了，要多鼓励，让他们感到习作的轻松与快乐。三年级下册的训练，重点在于引导学生观察家乡的景物，教师应该引导学生抓住喜爱的景物仔细观察，然后组织他们交流家乡的美，激发出对家乡的热爱之情，再让他们怀着这份情感，把家乡的美景描绘出来。四年级的两次训练在三年级的基础上有所提高：描绘游玩的景点，突出自然景观的奇妙，用课文中的表达方法，比如动静搭配，用比喻、拟人等修辞手法，力求把语言写生动写优美；写"校园一角"，要把写景和叙事结合起来，表达出对校园、对学习的热爱之情。六年级的这次训练，要引导他们展开丰富的联想和想

象，把自己当成大自然中的一员，融入大自然，然后采用拟人、比喻、排比等修辞手法，力求写具体、有情趣。

当然，每次习作，我们教师要结合课文，联系生活实际，创设情境，让学生对写景的一些方法进行分散练习。这样巧扣教材的纵向联系，抓住重点习作与小练笔的分散练习相结合，他们的习作水平就会在梯度训练中逐渐提高，螺旋上升。

策略三：紧扣学生情趣与课文表达的结合点进行梯度习作训练

苏联教育家赞可夫说：只有在学生情绪高涨，不断要求向上，想把自己独有的想法表达出来的气氛下，才能产生出使儿童的作文丰富多彩的那些思想、感情和词语。因此，我们教师在平时教学时就要特别关注学生的情趣，寻找学生情趣与课文表达的结合点，进行巧妙训练。比如，2009年春节晚会上刘谦表演魔术之后，学生对他的魔术特别感兴趣，有的甚至有些着迷，我就抓住这个点组织教学《顶碗少年》。上课时，我引导他们品读领悟到"失败是成功之母"的课文主旨后，就让他们说刘谦的魔术。他们兴致很高，可说的都是"感到没观看时那么紧张刺激"。"为什么呢？同样是描述节目，赵丽宏却能写得那么扣人心弦，让人有身临其境之感。我们还是再次去品读课文，了解他的表达方法吧。"他们通过比较、分析总结出节目描述的方法：1. 充分描绘出表演者的动作、神态、语言等；2. 描绘出观众的反应，以表现气氛的紧张刺激；3. 采用拟人的手法，写出表演的道具，以增添文章情趣；4. 通过描写自己的心理活动，来表现节目的神奇迷人。随即，我播放了刘谦表演魔术的视频，他们看呀，说呀，评呀，完全沉浸在描述魔术的兴奋之中。说够了，评足了，我再让他们把魔术写下来。他们拿起笔，不甩笔杆，还没到半个小时就完成了。后来批改他们的习作，我发现这次习作的效果比以往的都要好，生动具体，节目描写的方法在习作中都有所运用。

策略四：重视写法的渐序性渗透进行梯度习作训练

管建刚老师说：对小学生来讲，写作要技能，初学要有规矩。薛法根老师也说：假如我们只顾让学生多写，而不讲写作的方法、要领，学生哪怕是天天写，也未必就能写出好的文章来。看来，习作教学是不能忽视写法渗透的。当然，教师对学生写法的渗透，必须由浅入深，循序渐进，运用具体实例（最好是身边学生典型的习作），让他们通过讨论交流、剖析比较来掌握。比如，人物的对话描写是学生必须掌握的基本写作技能，我们可以采用以下渗透"三步曲"。

第一步：不让文中人物成为"哑巴"，领悟对话描写的美妙。教师选取有关对话描写的典型例文，引导学生品读感悟，将删去对话描写的文字与原文同时显示，让他们品读、分析、比较，知晓对话描写对刻画人物性格、表现中心思想等方面的重要作用。然后出示这么一段缺乏人物对话的文字："星期六的早上，妈妈催我起床，我不想起来。妈妈就催我，我还是赖床不起，她就掀我被子。没办法，我只好起床。"引导学生想一想：妈妈说了些什么？"我"又说了些什么？将"我"与"妈妈"的话一层层写出来。这样学生写起来简单，也有趣。

第二步：注意"两变化"，领略对话描写的生动活泼。"两变化"是：1. 提示语的位置要有变化：说的话较长需要停顿思考时，把提示语放在人物语言的中间；两人对话承接紧密时，提示语可以省略；当急于把话说出来时，提示语就放在后面。2. "说"要有变化，不要总是"××说"，可以选用"说"的近义词，比如"喊""叫嚷""反问道""声嘶力竭"等，这样行文才不会呆板乏味。

第三步：注重说话时的神态、动作、心理等，力求写出富有人物个性的语言。运用具体的例子引导学生写出说话人的神态、动作、心理等，同时要特别注意人物说的话必须符合自身的年龄、身份、性格特征等，力求让读者看了能闻其言、观其神，眼前活现出人物的形象。

经过这么"三步曲"的训练，学生的对话描写就有明显提升了。

如果教师心中有梯度，经常创设情境，巧妙引导学生有情趣地去训练，一步一阶，步步为营，学生自然就会渐入佳境，逐步掌握一系列的写作方法，从而稳步提升习作水平。

教学设计

习作梯度训练之排比句教学

设计意图 ▮▮▶

学生的习作训练应循序渐进、梯度上升，不可"脚踩西瓜皮，滑到哪里算哪里"，也不可"东一棒，西一槌"，将学生弄得晕头转向。然而，目前的小学语文教材是以主题单元阅读教学来编排的，没给教师系统训练学生习作提供明显的思路。

我精心设计了小学生习作梯度训练，充分利用教材"例子"，根据学生心理特征，遵循写作规律，给学生习作搭建一个个平台，让他们一步步登上习作阶梯，渐入习作佳境。下面我就以排比句为例，从"分号排比""列举排比""情感排比"到"诗意排比"来介绍这方面的尝试。

梯度之一：用上分号写排比

教学时段：三年级。

教学目标：1. 让学生进一步明白什么是排比句、使用排比句有什么效果。

2. 让学生认识分号，学会分号的用法。

3. 让学生用上分号写排比，把排比句写生动、具体。

教学难点：引导学生用上分号把排比句写生动、具体。

教学过程：

一、谈话导入，直入学习内容

师：同学们，我们学过了排比句，今天这堂课，我们专门来学如何写排比句。大家能写好吗？别急着回答，还是有要求的，有信心吗？

二、品读欣赏，深刻了解排比

师：有信心就好，那么谁来说一说什么是排比句？（教师引导学生交流）我们来看下面一个句子——

他的双眼变成了太阳和月亮；他的四肢，变成了大地上的东、西、南、北四极；他的肌肤，变成了辽阔的大地；他的血液，变成了奔流不息的江河；他的汗毛，变成了茂盛的花草树木；他的汗水，变成了滋润万物的雨露……

教师相继出示课件，引导学生讨论交流，并小结排比句的特点：必须有三个或者三个以上句式相同的句子；每一个分句句式相同，语气相同，字数差不多。

师：我们再来读读下面两个句子。你们喜欢哪一个？为什么？

句子一：桥面两侧有石栏，栏板上雕刻着许多龙的图案，龙的形状不同，姿态各异，非常精美。

句子二：桥面两侧有石栏，栏板上雕刻着精美的图案：有的刻着两条相互缠绕的龙，嘴里吐出美丽的水花；有的刻着两条飞龙，前爪相互抵着，各自回首遥望；还有的刻着双龙戏珠。

教师引导讨论并小结：使用排比句来描述会使文章内容生动、具体，有气势，有文采。

三、比较改写，学习分号用法

1. 比较思考，知晓分号用法。

师：今天我们是要用上分号写排比，你们知道分号的用法吗？

教师课件出示——

句子一：亲身下河知深浅，亲口尝梨知酸甜。

句子二：日日行，不怕千万里；常常做，不怕千万事。

师：这两句话，前后两部分句式都相同，为什么第一句中间用逗号，

第二句却用分号？（第二句的分句用逗号隔开了，为了前后部分明显被隔开，所以用上分号，教师小结分号用法）

2. 变分号小魔术：不添加文字只添加标点，将下列句子中间的逗号变成分号。

风呼呼呼吹着，雨哗哗哗下着。

师：什么情况下用分号？小眼儿一转，你就该明白了……（教师出示课件：风，呼呼呼吹着；雨，哗哗哗下着）怎么样，你的魔术变对了吗？

四、用上分号，练写生动排比

1. 练写一：用上分号改写排比句。

① 出示排比句，将"有的"后面的逗号改写成分号。

下课了，同学们跑到操场上，有的跑步，有的跳绳，有的打乒乓球，还有的在讲笑话……大家玩得多开心啊。

② 师：怎么跑步？怎么跳绳？怎么打乒乓球？怎么讲笑话？用上一两个语词描述一下，各分句用逗号隔开。下列词语可以灵活选用：你追我赶，不分胜负，满头大汗，气喘吁吁，你推我挡，精彩无比，哈哈大笑……

③ 学生改写，教师巡视指导。

④ 交流点评。

2. 练写二：用上分号写排比。

① 教师出示图片。

② 看图片，引导学生从形状和颜色方面对每一片树叶进行描述。

③ 选取内容写排比句，用上分号。

④ 交流点评。

五、总结延伸，布置作业

总结：用上分号写排比，能将句子写生动具体，有气势，有文采。

作业：将写好的排比句修改好，誊写到本子上。

梯度之二：一一列举写排比

教学时段： 四年级下学期。

教学目标： 1. 让学生进一步明白排比句的美妙，会一一列举写排比句。

2. 写排比句注意词语的变化，避免语句的单调。

教学难点： 引导学生推敲语言，用上排比把意思表达清楚、生动。

教学过程：

一、复习导入，明确要求

师：我们在三年级时曾练习用上分号写排比，已经对排比句有了一定的了解。谁说一说什么是排比句？排比句有什么作用？

引导学生回答。

师：今天我们继续来练写排比句。同学们有信心挑战吗？

二、精彩挑战，练写排比句

1. 挑战一：根据提示写排比句，注意用词的变化（避免语句的单调）。

① 课件出示。

> 根据提示，选三个各说一句话。
> 蜘蛛网 ——→ 渔网
> 带齿的叶子 ——→ 锯子
> 青蛙 ——→ 蛙泳
> 蝙蝠 ——→ 雷达
> 乌龟 ——→ 坦克
> 青蛙的眼睛 ——→ 电子蛙眼

② 写出下面这些词语的近义词（越多越好）。

得到（　　） 启发（　　） 发明（　　）

③ 把刚才根据提示说的句子连起来写排比，避免词语的重复。

④ 交流点评。注意引导学生灵活用词，避免重复单调。

2. 挑战二：用上排比概括课文内容。

① 浏览课文《和我们一样享受春天》，根据前四节诗句，完成下列排比句。

由于战争，世界还不太平，蔚蓝色的大海，_____；金黄色的沙漠，_____；蓝得发黑的夜空，_____；绿茵茵的草地，_____。

② 交流点评。

③ 快速阅读选读课文《有趣的动物共栖现象》，了解课文大概内容，并画出三组动物朝夕与共、和睦相处的句子。

④ 引导学生交流，各用一句话概括三组动物朝夕相处的情况。

⑤ 用一个排比句概括课文内容，注意不要漏了中心句，避免词语的简单重复。

⑥ 交流点评。（重点引导学生语句要简洁干净）

3. 挑战三：根据内容一一列举写排比。

① 激情点燃。

师：同学们，我们班上的同学各有特长，还各怀绝技，令人赞叹，比如字写得漂亮、画画得栩栩如生等，我们为什么不用一个排比句一一列举出来呢？这是我们展示班上同学风采的大好时机，拿起笔，让老师大开眼界吧。

② 学生练笔。教师巡视，并挑选出适合点评的语段。

③ 交流点评。教师点名，大家各抒己见。

三、布置作业，课外延伸

生活广阔无边，排比句的运用也十分广泛，只要我们平时留心，就会读到许多精彩的排比句，只要我们用心，就能写出许多美妙无比的排比句。课后自由写一个排比句，力求语言优美、内容新颖。

梯度之三：增强情感写排比

教学时段：五年级。

教学目标：在学生练习"分号排比""列举排比"的基础上，引导学生利用排比句抒发情感，增强行文气势，使文章更有文采。

教学难点：灵活使用排比来表达情感。

教学过程：

一、听朗诵，感受排比气势

请班上朗诵优秀的学生朗诵《延安，我把你追寻》的排比诗节——

　　　　追寻你，延河叮咚的流水，

　　　　追寻你，枣园梨花的清香，

　　　　追寻你，南泥湾开荒的镢头，

　　　　追寻你，杨家岭讲话的会场。

　　　　……　　……

　　　　啊！延安，我把你追寻，

　　　　追寻信念，追寻金色的理想；

　　　　追寻温暖，追寻明媚的春光；

　　　　追寻光明，追寻火红的太阳！

二、回顾《再见了，亲人》，用排比句激情概括

1. 浏览课文《再见了，亲人》，知其内容与表达的情感。

2. 回忆——列举概括课文的方法。

3. 根据下列句式概括内容，表达情感。

再见了大娘，＿＿＿＿＿＿＿；再见了小金花，＿＿＿＿＿＿＿；再见了大嫂，

＿＿＿＿＿＿＿……再见了，亲人！

三、根据实物写排比，抒发情感

1. 出示《桂林山水》的排比语句。

漓江的水真静啊，静得让你感觉不到它在流动；漓江的水真清啊，清

得可以看见江底的沙石；漓江的水真绿啊，绿得仿佛那是一块无瑕的翡翠。

思考：这个排比句抒发作者怎样的情感？这个排比句有什么特点？

2. 复习写排比句的方法。

一是寻找不同的角度和特点；二是展开联想和想象。

3. 实物引导。

教师出示一朵鲜花，引导：这朵花美吗？如果用一个排比句来赞美一下，你们会吗？同学们，可以从花的不同角度来观察。有哪些角度呢？对，颜色、形状、香味等。如果让你用排比句式来写这朵花，就可以从形、色、香来写。（教师相继引导学生说一说）

4. 图片引导。

教师出示课件——家乡图片，引导：我们都爱自己的家乡，怎么用排比来赞美呢？不同角度，什么角度？对，还有不同时间，比如春夏秋冬四季的不同，比如早上中午晚上景色的不同。还有不同景物，比如小桥、流水、柳树、房屋等。

5. 引导写排比句。

师：同学们，我们就从这两个内容中选一个写成排比句，表达自己的情感。（教师巡视指导）

6. 交流点评。

四、营造氛围，激情写作

1. 营造氛围。

教师深情讲述：有这么一个真实的故事，发生在一个旅游观光区，一家三口正高高兴兴地坐在缆车上观赏周围群山的风景，突然缆车绳索断裂，三个人随即掉入水潭。说时迟，那时快，爸爸用双手将女儿举过头顶，努力举出水面。女儿没被水淹没，而她最爱的爸爸妈妈，却永远地离开了她……

播放韩红演唱的《天亮了》给学生欣赏（课件出示歌词）。

师：（深情地）事后，小女孩时时陷入深深的痛苦之中，这痛苦有思念，有愧疚，有伤心。如果此刻你就在小女孩的身边，你会怎样安慰这个小女孩呢？请用上排比句。

2. 教师引导。

排比句要有感情，可以用上"没离开""别难过""拥有"等。

师：文字有感情，排比句更有感情，你的排比安慰要有真情，要有力量，要有效果，让小女孩不再愧疚，不再悲伤，不再消沉。快拿起笔写一个排比句，让她从痛苦的阴影里走出来！

3. 学生激情写作，教师巡视指导，并选定适合点评的句子。

4. 交流点评，修改誊写。

梯度之四：诗意排比巧成诗

教学时段：六年级上学期。

教学目标：引导学生写"诗意排比"，将排比句巧妙化成一首首美妙的小诗。

教学难点：运用排比写诗歌。

教学过程：

一、比较阅读，明白排比手法的魅力

1. 出示语段与诗歌，读一读，比较喜欢哪一种。

课件出示——

乡 愁

小时候

乡愁是一枚小小的邮票

我在这头

母亲在那头

长大后

乡愁是一张窄窄的船票

我在这头

新娘在那头

后来啊

乡愁是一方矮矮的坟墓

我在外头

母亲在里头

而现在

乡愁是一湾浅浅的海峡

我在这头

大陆在那头

2. 学生交流，体会排比的美妙。

采用排比的手法，从多角度来描述事物，并与拟人、比喻等修辞手法结合起来，会成为奇妙无比的诗。

3. 明确训练要求：采用排比写诗句。

师：将排比句巧妙分行分节，就成了美妙的诗，这多奇妙！今天我们就来写排比句，并把排比句化成美妙的诗歌。

二、写诗意排比，并巧妙化成诗

1. 根据句子仿写成排比句（两句选一句）。

① 妈妈的爱，是一个枕头，枕着我黄色的梦；妈妈的爱，是_____，_____；妈妈的爱，是_____，_____；妈妈的爱，是_____，_____；

② 我是一朵云，亲情就是包容我的蓝天；我是_____，亲情就是_____；我是_____，亲情就是_____；我是_____，亲情就是_____。

2. 教师引导学生交流、写排比句，力求生动、优美。

3. 交流点评。

4. 将写的排比句改写成诗歌，互相读读品品。

三、创设意境，采用排比写诗句

1. 教师描绘意境，学生想象画面。

师：春天的小雨淅淅沥沥落下来，给人美妙的感受。它悄悄地落下来，落到雨伞上，会怎样子？落到屋瓦上，是怎样的情景？落到河水里，落到你手心上，落到树枝上，落到荷叶上……同学们闭眼想象一下，这小雨滴不是普普通通的小雨滴，而是一个个调皮的小家伙，落下来分别是什么情景呢？

2. 交流想象的画面，互相启发，看看谁最有创造力。

3. 将想象的画面按照诗句分节的形式，写出一首小诗。引导学生可以将拟人、比喻等修辞手法结合起来写。

小雨落下来

小雨滴落下来，

落到_____，

_____。

小雨滴落下来，

落到_____，

_____。

小雨滴落下来，

落到_____，

_____。

4. 评析诗句。

四、自由写一首小诗

师：同学们，只要我们怀揣一颗诗意的心去思考，去感受，就会发现时时有诗句、处处有诗句、物物皆是诗。下面就请同学们将感兴趣的事物人格化，根据想象中的人物构写一首小诗，内容不限。

学生自由完成诗歌，交流点评。

五、举办诗歌展

要求学生认真誊写自己的诗歌，并配上精美的图画和花边。将他们的诗歌展出，引导学生欣赏、评比。

>>> 习作梯度训练之比喻句教学

☾ 设 计 意 图 ▮▮▶

比喻，可使文章内容生动、形象，是语言表达最为常用的修辞手法之一，在语文教材中频繁出现。它是非常有价值的教学内容，不仅对阅读理解有着深刻的影响，而且在写作教学中有着非常深远的意义。

梯度之一：紧抓相似写比喻

教学时段：三年级。

教学目标：让学生认识比喻，体会比喻的美妙；引导学生展开想象，抓住相似写比喻句。

教学难点：引导学生展开想象，根据相似点来写比喻句。

教学过程：

一、游戏导入，激发兴趣

师：猜一猜，这是什么？

教师一一出示西红柿、黄瓜、树干图片，让学生猜。

师：这几幅图片有趣吧！你能选一幅用上"像""好像"之类的词语说句

话吗？

学生说句子，教师点评。

二、比较句子，体会比喻的美妙

师：我们刚才说的句子用了一种修辞手法，那就是——比喻。读一读下面的句子，你喜欢哪句？为什么？

句子一：春雨，轻轻地落到地上，沙沙沙，沙沙沙……

句子二：春雨轻轻地落到地上，像春姑娘纺出的线，沙沙沙，沙沙沙……

引导学生交流，教师小结：把春雨比作春姑娘纺出的线，生动，形象，富有情趣。

三、欣赏比喻句，体会比喻的相似之处

1. 找出比喻的相似之处。

师：比喻，就是打比方。下面的比喻句，把什么比作什么？它们相似吗？

① 蒲公英的花就像我们的手掌，可以张开、合上。

② 黄黄的叶子像一把把小扇子，扇啦扇啦，扇走了夏天的炎热。

③ 一身乌黑光亮的羽毛，一对俊俏轻快的翅膀，加上剪刀似的尾巴，凑成了活泼机灵的小燕子。

讨论交流（抓住相似点交流）。

2. 认识比喻词。

师：同学们发现没有，这些句子里都有类似"像""好像"这样的词语，我们称为"比喻词"。你还能说出这样的比喻词吗？

出示：像……一样；宛如；……似的……；如……一般；仿佛。

3. 判断比喻句。

师：是不是有比喻词的句子就是比喻句呢？

① 她的性格很像母亲。

② 这天黑沉沉的，好像要下雨了。

③ 她仿佛听见了她的心脏跳得非常厉害。

④ 我们班许多同学都很聪明，像方杰、吴方翔等。

学生判断，讨论交流。

教师小结：判断一个句子是不是比喻句，不在于它有没有比喻词，而在于两点：把什么比作了什么；不是同类事物相比。

四、找相似之处，写比喻句

师：比喻生动形象，我们能抓住事物的相似之处来写比喻句吗？敢挑战吗？

1. 挑战一：看图写比喻句。

① 出示图片。

师：田野的小径有什么特点？像什么？山坡上的这棵树像什么？看谁把比喻句写得生动有趣。

② 学生写比喻。

③ 交流点评。

2. 挑战二：改写比喻句。

① 露珠晶莹透亮。

② 红红的柿子挂在枝头。

师：露珠晶莹透亮，像什么？红红的柿子，又像什么？仔细想一想，选一句改成比喻句。

③ 交流点评。

3. 挑战三：看趣味图片，写比喻片段。

① 出示图片。

师：这盆景整体上看去像什么？为什么像？——写清楚。

② 学生自由写，教师巡视指导。

③ 交流点评，修改誊写。

梯度之二：赋予情感写比喻

教学时段：四年级下册"语文园地四""我的发现"。

教学目标：1. 欣赏比喻句，体会比喻所蕴含的情感。

2. 练写比喻句，在比喻中融入情感。

教学难点：根据情感表达需要写出恰当的比喻句。

教学过程：

一、欣赏比喻，体会情感

1. 故事导入，激发情趣。

教师叙述故事：一个女孩，圆脸，长胖了。放寒假回家，她遇到同学，这同学对她说："嘿，你怎么这么胖，胖得像头猪……"她听了扭头就走。她又遇到另一个同学，这同学见了她就说："老同学，你的脸圆得像十五的月亮了。"她听了，拉起这同学的手说："唉，我也不吃零食，不知怎么就胖了，你得帮我减减肥啊。"她俩聊得很开心。

师：同样说人胖了，同样是比喻，可为什么一个让人生气，一个让人高兴呢？

2. 欣赏比喻，体会情感。

出示比喻句：

妈妈还是死命追着不放，到底追上了，可是雨来浑身光溜溜的像条小泥鳅，怎么也抓不住。

雨来像小鸭子一样抖着头上的水，用手抹一下眼睛和鼻子，嘴里吹着气，望着妈妈笑。

师：这两个比喻句，把什么比作什么？

师：我把这两句话改了一下，你们看好不好？

出示改后的句子：

妈妈还是死命追着不放，到底追上了，可是雨来浑身光溜溜的像条小狐狸，怎么也抓不住。

雨来像落汤鸡一样抖着头上的水，用手抹一下眼睛和鼻子，嘴里吹着气，望着妈妈笑。

师：同样是比喻，可比作不同的事物，给人的感觉就不一样了。

引导学生讨论交流。

二、写比喻句，表达情感

师：同样是比喻，却能表达不同的情感，这就是比喻的魅力。同学们，你们能根据感情的需要写出恰当的比喻吗？敢挑战吗？

1. 挑战一：挑选"情感物"，改成比喻。

出示：小溪向前奔流而去。

师：小溪、清澈、欢快，大家都喜欢。同学们，请带着你的情感，挑选比喻物（"情感物"），将这句话改写成比喻句吧。

学生写比喻，交流点评。

2. 挑战二：根据情感，巧妙比喻。

师：溪水很美，惹人喜爱，比喻也很精彩。同学们，不同人的眼光给人的感受是不同的。眼光像什么呢？用你饱含深情之笔，巧妙比喻吧。

_____的眼光像_____，_____。

学生写比喻，教师巡视指导，交流点评。

3. 挑战三：根据语境，情感比喻。

① 创设语境。

出示：

风来了，雨来了，田野生机盎然。

风来了，雨来了，田野一片狼藉。

师：风像什么？雨像什么？面对眼前的"生机盎然"和"一片狼藉"，又该怎么比喻呢？想一想当时的场景，恰当比喻吧。

② 学生写比喻，教师巡视指导。

③ 交流点评，修改誊写。

教师总结：同样是风，同样是雨，可情感不同，比喻就不同，希望同学们能根据情感的需要，巧妙比喻。

梯度之三：领略奇妙写比喻

教学时段：五年级。

教学目标：在"相似比喻""情感比喻"的基础上，让学生感受比喻的奇妙，力求将比喻写得新奇、吸引人。

教学难点：引导学生展开想象，写出新奇美妙的比喻句。

教学过程：

一、欣赏比喻，感受比喻的奇妙

1. 奇妙之一：比喻词语。

师：我国语言文字博大精深，魅力无穷。瞧，有些词语就采用了比喻手法，如胆小如鼠，你能根据意思写出这种比喻词语吗？

形容人非常瘦，瘦得像干枯的柴火。（　　　）

比喻强烈的阳光像火一样炽热。（　　　）

因惊恐而脸色跟土的颜色一样。（　　　）

师：同学们，你还知道哪些比喻词语？

学生交流。

2. 奇妙之二："连串比喻"。

师：同学们，有的比喻，不是简单的一句话，而是一个比喻连着一个比喻形成的一串比喻。我们来读读这种"连串比喻"。

①"连串比喻"欣赏一。

课件出示：

> 桂林的山真奇啊，一座座拔地而起，各不相连，像老人，像巨象，像骆驼，奇峰罗列，形态万千。

师："像老人，像巨象，像骆驼"这三个"连串"的比喻，写出了什么？这样写有什么好处？

引导学生交流。

教师小结：这个"连串比喻"抓住事物的不同形状，进行一连串比喻，生动、形象，给人留下深刻的印象。

②"连串比喻"欣赏二。

课件出示：

> 在轻轻荡漾着的溪流的两岸，满是高过马头的野花，五彩缤纷，像织不完的锦缎那么绵延，像天边的霞光那么耀眼，像高空的彩虹那么绚烂。

师："像织不完的锦缎那么绵延，像天边的霞光那么耀眼，像高空的彩虹那么绚烂"，这三个"连串"的比喻写出了什么？这种"连串比喻"有什么好处？

引导学生讨论交流。

教师小结：这个"连串比喻"抓住事物的不同特点，进行一连串比喻，生动、形象，很有文采。

二、展开想象，写奇妙比喻

1. 看图片，写奇妙比喻。

①"连串比喻"仿写一。

出示鹅卵石图片。

师：鹅卵石的形状各异，同学们，你们能仿照"连串比喻"写比喻句吗？老师提醒一下，别忘了写一个中心句哦。

学生练写，教师巡视指导。

交流点评。

②"连串比喻"仿写二。

出示圆月图片。

师：你能用词语概括出来圆月的哪些特点？

预设：圆润、白净、柔和、明亮、柔美……

师：如果要描绘圆月的美，我们能像刚刚欣赏的"连串比喻"句子那样仿写一句吗？不写圆月，写其他事物也行。

学生练写，教师巡视指导。

交流点评。

2. 激情点燃，自由创造奇妙比喻。

① 名言点燃激情。

师：法国大文豪巴尔扎克说：第一个把女人比作花的人是天才，第二个把女人比作花的人是庸才，第三个把女人比作花的人是蠢才。同学们，我们挑战一下自己，不做庸才、蠢才，写别人没说过的奇妙比喻吧！

② 创设情境。

师：大自然景象繁多，蓝天白云、银河繁星、沙漠草原、小草绿树、奔跑的牛羊、游动的鱼虾、飞舞的蜂蝶等都会引发我们无限的想象。同学们，拿起笔，写下你们的奇妙比喻吧。

③ 学生自由写，教师巡视指导。

④ 交流点评。

三、布置作业，课后延伸

1. 翻看习作，抄写自己满意的比喻。

2. 摘抄课外阅读到的喜欢的奇妙比喻。

梯度之四：巧写比喻成诗歌

教学时段：六年级。

教学目标：欣赏比喻，领受比喻之诗意；巧妙运用比喻，结合排比、拟人等修辞手法写诗歌。

教学难点：采用比喻手法写诗歌。

教学过程：

一、欣赏比喻之诗意

1. 欣赏古诗比喻之诗意。

师：同学们，这些诗句采用了什么修辞手法？

小时不识月，呼作白玉盘。

不知细叶谁裁出，二月春风似剪刀。

大漠沙如雪，燕山月似钩。

引导学生逐句欣赏体会。

2. 欣赏一般比喻句之诗意。

① 教师出示例句。

妈妈是一个闹钟，每天早晨叫我起床。

白天，路灯是一棵棵的树；晚上，就变成一朵朵的花。

云，像一个忙碌的画家，在空中画出一幅又一幅的图画；云，像一个贪玩的小捣蛋，常常忘了回家。

师：读读这些比喻句，你有什么感受？

② 引导学生逐句欣赏体会比喻的诗意。

师：同学们，其实许多美妙的比喻句，只要分行排列，就是一首奇丽的小诗。

教师出示课件。

路灯	云
白天， 路灯是一棵棵的树； 晚上， 就变成一朵朵的花。	像一个忙碌的画家， 在空中画出 一幅又一幅的图画； 像一个贪玩的小捣蛋， 常常忘了回家。

二、巧写比喻成诗歌

1. 引导想象，采用比喻将诗歌填写完整。

① 完成诗歌《树》。

> 根据句型，采用比喻续写诗歌
> ### 树
> 春天的树，
> 是花儿们选美的舞台；
> 夏天的树，
> ＿＿＿＿＿＿＿＿＿＿；
> 秋天的树，
> ＿＿＿＿＿＿＿＿＿＿；
> 冬天的树，
> ＿＿＿＿＿＿＿＿＿＿。
> ……

师：春天的树是花儿们选美的舞台，把树比作舞台，花儿们在树上竞相开放的景象就展现在眼前了。那么，树在夏天、秋天和冬天又怎样呢？请展开想象，完成这首美妙的小诗。

学生完成诗句，教师巡视指导。学生交流点评。

② 完成诗歌《妈妈》。

> 根据句型，采用比喻续写诗歌
> ### 妈 妈
> 妈妈是一个闹钟，
> 每天早晨叫我起床；
> 妈妈是＿＿＿＿＿，
> ＿＿＿＿＿＿＿＿＿；
> 妈妈是＿＿＿＿＿，
> ＿＿＿＿＿＿＿＿＿；
> 妈妈是＿＿＿＿＿，
> ……

师：妈妈是小闹钟，天天叫我早起。妈妈还是什么呢？展开想象的翅膀，采用比喻，将自己对母亲的情感融入文字，完成这首小诗吧。

学生写诗句，教师巡视指导。学生交流点评。

2. 采用比喻写"拼音字母"诗歌。

① 教师出示课件。

```
        拼音字母
拼音字母很神奇，
能使我们想起很多很多。
A像宝塔，
引领我们一步步登上顶峰，
欣赏辽远的风景；
B_____，
_____；

......
```

师：汉字有感情，拼音字母也有情感。你们想一想，字母 A 像什么？像不像宝塔？宝塔有什么作用？其他字母又像什么？展开想象，构写这首美妙的诗歌。

②学生展开想象写诗，教师巡视指导。

③交流点评。

3. 自由写一首小诗。

师：下面就请你们展开想象，采用比喻、排比、拟人等修辞手法，自由写一首小诗，力求写得新奇迷人。

学生自由完成诗歌，交流点评。

三、举办诗歌展

要求学生认真誊写自己的诗歌，并配上精美的图画和花边。将他们的诗歌展出，引导学生欣赏、评比。

>>> 习作梯度训练之拟人句教学

设计意图 ▐▐▶

拟人，是口头表达和书面表达极为常用的修辞手法。拟人句生动有趣，在语文教材中也频频出现。语文教师该怎样充分利用教材进行拟人句教学，让学生在表达中自觉运用拟人？

梯度之一：活出事物写拟人

教学时段：三年级上学期。

教学目标：通过阅读、欣赏、练写拟人句，让学生明白拟人修辞手法的美妙，并能"活物写拟人"。

教学难点：引导学生"活物"写拟人。

教学过程：

一、动画图片导入，激发兴趣

出示动画苹果图片。

师：这是什么？在干什么？（预设：苹果在笑；苹果在说话；苹果在跳舞……）

师：苹果会笑、会说、会跳舞吗？可我们为什么这么说呢？

二、阅读欣赏，了解拟人的含义及其美妙之处

1. 品读拟人句。

师：读读这几个句子，想一想有什么共同点？

① 小草从地下探出头来。

② 笋芽儿揉了揉眼睛，伸了伸懒腰。

③ 美丽的菊花在秋雨里频频点头。

2. 体会"拟人句是把物当作人来写"的含义。

师：小草会"探出头来"吗？笋芽儿会"揉眼睛""伸懒腰"吗？菊花会"频频点头"吗？不会，就如同苹果不会笑、不会说话、不会跳舞一样，这都是把它们当作人来写的，让事物像人一样活起来了——这就是拟人。

3. 比较句子，体会拟人句的美妙。

师：读下面两个句子，你喜欢哪一句？为什么？

① 小柳树在微风里得意地跳起舞来。

② 小柳树在微风中摇动着。

师小结：拟人就是让物"活"起来，把物当作人来写；"活物"拟人，能让描写的事物生动、形象，有情趣。

三、练写拟人句

1. 练写一：将下列句子改写成拟人句。

① 云儿在空中飘来飘去。

② 风轻轻吹过，树叶沙沙作响。

师：云儿在空中飘来飘去就像人在空中怎样呢？风轻轻吹过，就像人在干什么？树叶沙沙作响，又像人在干什么呢？老师提醒大家，不要写成"像人在……"的句式，这样就是比喻句了。我们直接写它们怎么样就行了，懂吗？

学生写，教师巡视指导，交流点评。

2. 练写二：自由写拟人句。

师：同学们，只要我们用心去感受，世上万事万物，都像人一样会笑、会哭、有感情。请同学们让事物"活"起来，自由写一个拟人句，看谁写的是我们没有看到过的，有创意。

学生练写，教师巡视指导，交流点评。

四、创设情境写拟人片段

1. 创设情境。

师：秋天的田野，是一派丰收的景象，瞧，玉米熟了，高粱熟了，稻谷熟了，芝麻、棉花、甘薯等都熟了，这是多么喜人的景象！请以"秋天的田野多么喜人"开头，把这些庄稼当作人，写它们在干什么，写出田野里庄稼成熟的热闹景象。

2. 学生练写，教师巡视指导。

3. 师生交流点评。

师：写好了我们交流交流，互相点评点评，主要看看田野里的景物"活"起来没有，"活"得有没有情趣。

引导学生交流并修改。

五、总结并布置作业

对写好的拟人片段进行修改，誊写到本子上。

梯度之二：采用拟人编童话

教学时段：三年级上学期（《花钟》教学之后）。

教学目标：引导学生欣赏童话，了解童话编写的基本方法：拟人；引导学生让课文片段里的景物"活"起来，展开想象，采用拟人编童话。

教学难点：采用拟人编童话。

教学过程：

一、复习拟人手法，激发学习兴趣

师：什么是拟人？拟人就是让事物像人一样会说、会动、会想。今天，我们采用拟人的方法来写童话，同学们有兴趣吗？

二、欣赏童话，明白童话的基本写法

1. 出示童话《耳朵上的星星》。

耳朵上的星星

小松鼠要参加森林音乐会，却不知怎么打扮自己。

"编个草帽戴到头上吧。"它来到了草地，刚要采小草，小草就哭了："别采我，别采我，我会疼的。"小松鼠听了就走开了。走着，它看见了小花："戴朵小花到头上吧。"它伸手去摘，却听到小花大喊："别摘我，别摘我，我会疼的。""哦。"小松鼠应了一声就走了。

两只萤火虫看到这一幕，它俩一商量，决定帮帮小松鼠。夜幕降临了，音乐会开始了。小松鼠一上台，掌声就响了起来。"它太美了!"大家都大声赞美着，因为它的两只耳朵上有漂亮的星星在闪闪发亮——那是两只萤火虫!

师：小草会哭吗？小花会大喊吗？萤火虫会想吗？不会！把这些都当作人来写了，这就是童话。童话最基本的写法，就是拟人化，让物体有人的感情，跟人一样会说话。同学们，我们学过的童话是不是这样？

2. 学生交流，教师小结。

三、依据内容，创设童话情境

1. 投影课文片段。

鲜花朵朵，争奇斗艳，芬芳迷人。要是我们留心观察，就会发现，一天之内，不同的花开放的时间是不同的。凌晨四点，牵牛花吹起了紫色的小喇叭；五点左右，艳丽的蔷薇绽开了笑脸；七点，睡莲从梦中醒来；中午十二点左右，午时花开放了；下午三点，万寿菊欣然怒放；傍晚六点，烟草花在暮色中苏醒；月光花在七点左右舒展开自己的花瓣；夜来香在晚上八点开花；昙花却在九点左右含笑一现……

2. 交流：你还知道哪些花在什么时间开放？
3. 创设童话情节。

师：今天，我们就根据这段内容来编写童话。我们设想：有这么一个小孩，是花钟的小主人，他总是不知道时间，常常误事，常常被父母和老师责怪。花钟里的花儿想办法提醒他。后来，他不再耽误时间，大家都表扬他进步了。

四、展开想象，编写童话故事

1. 将童话情节具体化。

师：主人公是谁？你能取一个富有诗意的名字吗？

师：小主人没有时间观念，花儿都想帮助他，它们会怎么讨论？

师：花儿们又是怎么提醒主人的？受到花儿提醒的主人，有什么表现呢？

2. 说一说童话。

师：根据刚才讨论的内容，你们能编出故事吗？想一想：开头怎么说？就是小主人不知道时间，常常误事。中间部分是花儿劝说的过程，又该怎么说？结果怎样？想一想，想清楚了，同桌互相说一说。

3. 写一写童话。

师：把刚才说的内容用笔写下来就是美妙的童话。同学们，记下属于你的童话吧。

4. 交流点评，修改誊写。

梯度之三：寄情于物写拟人

教学时段：四年级下学期。

教学目标：使学生进一步明白拟人句的美妙，体会拟人句所表达的思想情感；练写拟人句，采用拟人表达情感。

教学难点：寄情于物写拟人。

教学过程：

一、讲趣味故事，知晓拟人手法的感情色彩

师：同学们见过这两个成语吗？（投影出示：沉鱼落雁、闭月羞花）这两个成语与我国古代的四大美女有关。你们知道我国古代的四大美女吗？（引导学生交流四大美女的故事）

师：鱼儿、月儿、花儿、大雁会与人比美吗？会因美女很美而害羞吗？不会！那么人们为什么会如此来编写故事呢？人们是怀着什么样的感情来编写四大美女的故事的？（引导交流）

师：对，怀着对美女的尊敬和喜爱编出沉鱼落雁、闭月羞花的故事，可见，拟人是有情感的，今天我们就来寄情于物写拟人。

二、读拟人句，体会拟人表达的情感

1. 出示例句。

① 不光是我，一池的荷花都在舞蹈。

② 不再胆怯的小白菊，慢慢地抬起它们的头。

③ 成千上万的小鸡，成群结队的长毛山羊，在见不到一个人影的绿草地上，安闲地欣赏着这属于它们自己的王国。

2. 引导交流。

师：荷花会舞蹈吗？小白菊会胆怯吗？小白菊还慢慢抬起了头，它们会抬起头吗？小鸡、长毛山羊会安闲地欣赏吗？作者是怀着怎样的心情来写这些拟人句的呢？（引导学生交流）

师：作者被荷花的美吸引了，荷花在摆动，可在作者眼里，荷花是在舞蹈，因为作者太喜爱荷花了；小白菊其实就是站在那儿，可作者感到面对困难应该勇敢，因此，柔弱的小白菊都不再胆怯，都抬起了头，这是作者将自己的情感赋予了小白菊；小鸡、长毛山羊，其实是在绿场地上觅食、生活着，可是作者向往牧场之国的美，也是寄情于这些小鸡、山羊了。这些语句就是拟人手法的寄情于物。

三、带着感情练写拟人句

1. 练写一：按要求改写拟人句。

师出示句子：鸟儿在树上叫着。

改写成拟人句一（喜悦之情）：＿＿＿＿＿＿＿＿

改写成拟人句二（伤心之情）：＿＿＿＿＿＿＿＿

师：同样的句子，由于情感不同，拟人的语句就有所不同。

学生自由写，教师巡视指导，交流点评。

2. 练写二：寄情于物写提示语。

① 出示图片。

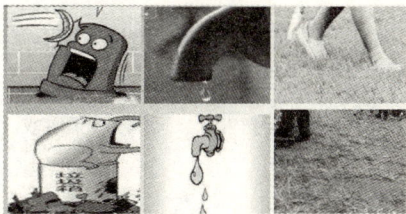

师：图片中的垃圾桶、水龙头以及被踩踏的小草，都是有情感、有生命的，请选择一个赋予情感，采用拟人写一句温馨的提示语。

② 学生练写，教师巡视指导。

③ 师生点评。

3. 练写三：根据情境写拟人片段。

① 出示情境。

情境一：放学路上兴奋的心情（拟人物：鸟儿、风儿、花草、溪水等）。

情境二：夜晚恐怖的森林（拟人物：月光、黑影、虫子叫声、乌鸦叫声等）。

② 提出要求：选择一个情境，采用拟人手法描写。

③ 学生练写，教师巡视指导。

④ 交流点评，修改誊写。

梯度之四：诗意拟人巧成诗

教学时段：六年级上学期。

教学目标：通过阅读欣赏诗歌，进一步体会拟人手法的美妙，引导学生展开想象，采用拟人手法来写诗。

教学难点：展开想象，采用拟人手法写儿童诗。

教学过程：

一、比较阅读，感受拟人魅力

师：同学们，我们来读读语句，说说你喜欢哪一句，为什么。（引导学生交流）

> **语句1：**风儿，吹得树儿摇摇晃晃，吹得树叶儿满院子里飞来飞去。
> **语句2：**风儿，微笑着，在树上荡秋千，在院子里，拿起树叶儿，玩起了飞镖游戏。

师：如果将这充满诗意的拟人句分节排列，你们看看，是什么？这就是一首奇妙的小诗。

> 拟人句
> 风儿，微笑着，
> 在树上荡秋千，在院子
> 里，拿起树叶儿，玩起
> 了飞镖游戏。

> 诗歌
> 风　儿
> 微笑着，
> 在树上荡秋千，
> 在院子里，
> 拿起树叶儿，
> 玩起了飞镖游戏。

师：今天，我们就采用拟人来写诗歌。

二、阅读欣赏，体味拟人诗意

师：何为诗歌？何为诗意？诗句生动形象，给人丰富的想象，读起来很有美感。我们来阅读下面两首小诗，想一想，它们的诗意在哪里。（引导学生交流）

> 太阳
> 太阳公公不听话
> 喝醉了酒
> 满脸通红
> 昏昏沉沉地
> 跌进西方的山

> 笋
> 悄悄地拱出大地
> 想来打听
> 春天里
> 树绿的秘密
> 花开的消息

师：既然拟人能带来这么美妙的诗意，我们就来挑战一下，采用拟人来写诗，大家乐意接受这个挑战吗？

三、激情挑战，采用拟人来写诗

1. 挑战一：展开想象，补充拟人诗句。

师：我们来阅读一首小诗，只有四句。你喜欢哪一句？为什么？（引导学生交流）

> 阳　光
> 阳光在窗上爬着，
> 阳光在花上笑着，
> 阳光在溪上流着，
> 阳光在妈妈的眼里亮着。

师：我认为这首诗有一个词用得不是很好，是哪个词呢？你们看看是否与老师的见解一致。（引导学生交流）

师：既然大家都认为这个"流着"不好，那该换个什么词更有诗意呢？（引导学生交流）

师：阳光在窗上爬着，阳光在花上笑着，阳光在草地上、在沙滩上、在绿叶上，或者在其他什么地方是怎样呢？你能仿照这首诗的句式，写一首小诗吗？

学生写诗，教师巡视指导。

师：既然都写好了，我们就大胆读出自己的小诗，交流交流。

引导学生评点诗句，重点看看是否采用拟人手法写得生动优美。

2. 挑战二：采用拟人仿写诗歌。

> **春天怎么来**
> 春天怎么来？
> 花开了，
> 春天就从花朵里
> 跑出来。

师：花开了，春天就从花朵里跑出来，这是这首小诗的第一节。同学们接着想一想，春天还会怎么来？请仿照这个句式，说上一两句话。在这里老师提醒一下，一定要抓住春天的特征景物来诗意描述。（引导学生交流）

师：看看这首诗是怎么写的？

> **春天怎么来**
> 春天怎么来？
> 花开了，
> 春天就从花朵里
> 跑出来。
> 春天怎么来？
> 草绿了，
> 春天就从绿色里
> 跳出来。
> 春天怎么来？
> 我高兴了，
> 春天就从我的心里
> 飞出来。

师：看来我们也有诗人的水平写出这种美妙的诗歌！下面就请同学们展开想象，抓住夏天、秋天或者冬天的特征景物，仿照《春天怎么来》写一首小诗。

学生写，教师巡视，交流点评，评点重点：是否抓住季节特点，采用拟人手法，写得生动有诗意。

3. 挑战三：自由写一首小诗（延伸课外）。

师：同学们，你们是天生的诗人。处处有诗句，物物皆是诗，下面就请同学们怀揣一颗善于发现美妙诗句的"诗心"，将感兴趣的事物拟人化，构写一首小诗，内容不限。

学生试着自由写诗，教师巡视。

师：写诗，有时不是想写就能写出来的，对吧？要想写出充满诗意的迷人诗，平时就要多观察、多读诗、多思考、多体味，也许在不经意间，诗句就脱口而出。写诗，需要灵感。什么是灵感？灵感，简单地说，就是突然领悟，一种恍然大悟的感觉。怎样才能得到灵感？主要靠平时的专注与积累。希望同学们平时专注于诗，多留心，多体会，写出诗意盎然的小诗。

4. 交流点评。

▷▷▷ 习作梯度训练之童话教学

◯ 设 计 意 图 ▮▮▶

童话似真似幻，亦实亦虚。童话是美好的、迷人的。孩子们都喜欢童话，望着蓝天，会与云儿一起变幻、嬉戏；走过小河，会与鱼虾一起游泳、追逐；走进树林，会与鸟儿一起唱歌、交谈；信步田野，会与蝴蝶一起奔跑、舞蹈……他们的内心涌动着许多神奇迷人的童话，然而，我们语文老师该如何使他们迷人的童话"奔涌"出来与大家分享？如何让他们在交流编写童话中感受大自然的奇妙和学习生活的美好？

我们依据教材，精心设计，从"拟人童话""情节童话""诗意童话""神奇童话"到"共串童话"进行梯度训练，给他们搭建一个个平台，让他们渐入童话编写佳境，走进轻松愉悦的"童话生活"。

梯度之一：采用拟人编童话

教学时段：三年级上学期（《花钟》教学之后）。

教学目标：1. 引导学生欣赏童话，了解童话编写的基本方法：拟人化。

2. 根据课文片段创设童话情节，展开想象，采用拟人编童话。

教学难点：采用拟人编童话。

教学过程：

详见本书第58页至第60页相关内容。

梯度之二：紧抓情节编童话

教学时段：三年级上学期第七单元习作。

教学目标：1. 欣赏学过的童话，复述童话梗概，知晓编写童话的必备要素：人物和情节。

2. 引导学生紧抓情节编童话。

教学难点：引导学生紧抓情节编童话。

教学过程：

一、复述童话梗概，知晓编写童话的必备要素：人物和情节

师：我们刚刚学过两篇童话：《陶罐和铁罐》《狮子和鹿》，童话里有哪些主要人物？他们之间发生了哪些事？

引导学生复述，并投影填写表格。

课文童话	童话人物	童话情节	童话主题
《陶罐和铁罐》	陶罐 铁罐	铁罐奚落陶罐，多年以后，人们赞美陶罐，铁罐却化为泥土	人各有长处和短处，要善于看到别人的长处，正视自己的短处
《狮子和鹿》	狮子 鹿	鹿抱怨自己腿难看，鹿遇到狮子，差点因喜爱的角而丢了性命	物各有长短，要正确看待；不要只看外表，更要看适用

二、交流动物特点，构筑童话情节

1. 交流动物特点。

师：动物都有各自的喜好和特点，我们戴上动物头饰，说一说吧。

2. 小组合作，构筑故事情节。

师：动物之间会发生怎样的故事呢？我们4~5个人为一个小组，共同编写故事。我们先想一想，童话人物有什么特点，其因该特点会与其他动物之间发生什么事呢？起因、经过、结果怎么样？这就是童话的情节。小组内同学互相讨论吧。

学生合作编故事。

三、演一演，丰富童话内容

师：每个小组都编了有趣的童话，我们到操场上去演一演，好吗？

把学生带到操场上，让他们戴上动物头饰，按照想象好的情节，以小组为单位演一演。

师：表演当中，我们是不是想更改一些情节，或者添加一些内容，这样故事会更吸引人？我们就在这里修改完善我们的童话。当然，小组之间也可以互相提提建议，看看谁能提出金子般的点子，使童话故事锦上添花！

学生再次讨论，删改情节，表演故事。

四、说一说，厘清童话情节

1. 小组内说一说故事。

师：我们演了童话，再来说说童话，先小组内说一说：故事发生在什么时间？什么地点？是怎样的事情？起因、经过、结果怎样？故事中的小动物怎么说、怎么做？

小组成员轮流说，并互相补充。

2. 小组代表说一说。

各小组选一个代表说童话，大家评议：童话人物有哪些？童话情节说清楚了吗？有趣吗？对人有启发吗？

五、写一写，精彩童话故事

1. 明确要求。

① 给童话取一个合适的题目。

② 给每个小动物取一个好听的名字。

③ 将童话故事写清楚，力求写得有情趣。

师：俗话说"好题一半文"，要让童话吸引人，首先要拟一个好听的题目，取个好题，文章就成功一半了。当然，童话人物也应该有一个好听的名字，读起来有情趣。更重要的是，我们写的童话，就要像刚才说得清楚、具体的同学那样，把童话人物说的、做的、想的都写出来，把事情发生的场景充分描绘出来，这样，我们的童话就让人喜欢看了。你们有信心把刚才演的说的童话写出来吗？

2. 学生写，教师巡视指导。

3. 点评，修改，誊写。

梯度之三：改散文成"诗意童话"

教学时段：四年级上学期。

教学目标：通过欣赏散文诗《月亮来大海做客了》，引导学生展开想象，编写"诗意童话"。

教学难点：根据图片和散文诗，展开想象，编写诗意盎然的迷人童话。

教学过程：

一、欣赏大海图片，想象大海的美妙景象

师：你能想象大海美妙的景致吗？

教师出示图片，引导想象。

师：看了大海这些美妙的图画，你想象到什么美好的景象了吗？大海里的这些动物，会有什么有趣的事儿发生呢？

二、欣赏散文诗《月亮来大海做客了》，展开想象

师：同学们，大海美妙无比，你想到大海去游玩吗？瞧，月亮来大海做客了。

月亮来大海做客了

那一晚，我来到大海边上。
——大海真安静。海涛温柔地拍打着，发出梦呓般的声响。片片光亮，随着海涛的涌动，闪闪烁烁，像一天繁星。
哦，在闪烁的繁星中，我瞧见了一轮晃动着的圆月亮。
月亮，她来海里做客了。鱼儿、浪花和海面上飘动着的雾气，都聚集在圆月亮的周围，听她讲述着遥远天穹的童话。
——讲述着星星、云朵和雁群的童话。
那一晚，月亮来大海做客了。
所以，大海显得如此温馨而多情。

师：短文中，哪些情景吸引你，让你产生遐想？（引导学生交流）

三、丰富想象，编写诗意童话

1. 引导学生想象。

师：月亮来大海做客，大海很"温馨"，很"多情"。同学们，我们想象一下：海里的朋友是怎么迎接月亮的？月亮是怎样给大海讲云朵、星星、雁群的童话的？海里的朋友会怎么招待月亮，又会带月亮去欣赏哪些迷人的海景？……

2. 聚焦镜头，"放映电影"。

师：同学们，请闭上眼睛"放映电影"：月亮要来大海做客了，大海做了哪些准备？海里的朋友怎么迎接她？在眼前把这些情景"放映"出来。（学生闭眼"放映"，交流）

师：请再闭上眼睛，聚焦镜头想象：迎接好月亮，海里的朋友又怎样招待她呢？月亮给海里的朋友讲了哪些童话？他们听了会怎样呢？（学生闭眼"放映"，交流）

师：我们切换一下镜头，继续放映：海里的朋友带月亮到哪些地方游玩了？这些地方有什么奇妙之处？游玩时，他们说了些什么，做了些什么？（学生闭眼"放映"，交流）

师：现在，我们的镜头切换到离别，月亮要离开大海了，他们又说了什么，做了什么？（学生闭眼"放映"，交流）

师：月亮到大海来做客，我们聚焦了迎接、招待、游玩、离别这几个镜头放映了电影，其实我们还可以想象出其他场景。还有什么镜头？自由放映，越奇妙越好。（引导学生交流）

3. 抓住重点，依序列出提纲。

师：同学们，围绕月亮来大海做客，我们"放映"了许多镜头，你最感兴趣的是哪几个？哪些镜头充满童话的诗意？想一想，按照顺序，列出提纲。

学生列提纲，教师巡视指导。

4. 依照提纲，构写诗意童话。

师：我们放映了童话电影，列出了童话提纲。接下来，我们就依照提纲，把放映的镜头一一描绘下来。老师提醒一下，一定要把月亮做客过程中那些充满诗意的情景描写出来，相信大家能写出引人入胜的童话。

学生写童话，教师巡视指导。

5. 点评，修改，誊写。

梯度之四：欣赏神奇续童话

教学时段：四年级上学期（承接"诗意童话"《月亮来大海做客了》）。

教学目标：1. 通过欣赏学生编写的诗意童话《月亮来大海做客了》的

精彩片段，引导学生享受编写童话的快乐，激发学生编写童话的欲望。

2. 欣赏课文童话情节之神奇，引导学生续写童话，将童话编写得重点突出、神奇迷人。

教学难点：欣赏童话神奇，编写神奇童话。

教学过程：

一、阅读欣赏，体味童话之神奇

1. 领略课文童话神奇之美。

师：童话不同于现实，总有我们想不到的神奇与迷人之处，我们刚刚学过的童话，有哪些神奇的情节？

《巨人的花园》：春天，巨人发脾气，花叶落了，冰雪覆盖花园；小男孩一伸手，桃树开花。

《幸福是什么》：智慧女神来无声去无息……

《小木偶的故事》：蓝鼻子小女巫闻出空气中的伤心味儿；小女巫魔杖一点，小木偶就会哭、会笑、会生气、会着急……

2. 欣赏童话之精彩，享受童话之快乐。

教师依次出示学生编写的童话的精彩片段，交流、欣赏。

咚咚咚，敲门了，月亮姐姐来了。门一打开，月亮姐姐走了进来，五颜六色的彩带从空中飘落下来。紧接着，美人鱼姐姐唱起了美妙的歌，水母妹妹伴舞，龙虾、螃蟹、海娃在一旁伴奏。发光鱼弟弟围成一个大大的"心"，发出彩色的光芒……

……他们来到了音乐林，树林茂盛，碧光闪闪，树上的每一片叶子就是一个音符，在不停地闪动着。不时有树叶落下来，每一片树叶落地，就会响起一首乐曲，乐曲悠扬动听，很是迷人。

突然，从岸边传来了几声鸡鸣："咯咯——咯咯——"月亮姐姐要回去了。此时，星星车夫驾着云朵车，准时来接月亮姐姐了。月亮姐姐坐上了云朵车。"再见，月亮姐姐，欢迎你下次再来。""谢谢你们，希望你们到我们月宫去做客。"车子缓缓移动，渐渐消失在鱼肚白的天空。

欣赏重点：这些童话描绘的情景神奇迷人吗？

二、根据要求，续写神奇童话

师：月亮到大海去做了客，回天空时，许多同学都写到月亮邀请海里的朋友到月宫去做客。请同学们想象一下，到月宫去做客，又有哪些神奇迷人的景象呢？我们就来续写这个童话吧。

1. 出示题目。

请你展开想象，以"_____到月宫来做客"为题编写童话。

2. 明确要求。

童话人物充满诗意，童话情节神奇迷人，童话语言生动优美。

3. 学生"放映电影"打腹稿。

师：同学们，改写童话《月亮来大海做客了》，我们采用的方法是展开想象，聚焦镜头，"放映电影"。今天，同学们能自己采用这种方法吗？

师：请闭上眼睛，将海里朋友来月宫做客的过程在眼前"放映"出来。老师要提醒的是，首先要确定海里朋友来月宫做客有哪些镜头。（生交流）

师：海里朋友来月宫做客，许多同学说了欢迎、宴请、表演、参观、离别等镜头，现在，我们将这些镜头按顺序放映。注意，是在月宫，要想象月宫的美妙情景。当然你认为有情趣吸引人的镜头，可以慢慢"放映"，将当时的场景、童话中人物的表现、动作、语言、神态、心理等，都"放映"出来，多"放映"几遍，"放映"得越清楚越细致越好。（生闭眼"放映电影"打腹稿）

4. 学生编写童话。

师：海里的朋友来月宫做客了，我们都在眼前细细"放映"了，下面就拿起笔，记下"放映"的内容。这次的童话与上次《月亮来大海做客了》一样，尽量写出童话迷人的诗意境界，同时，要把你感兴趣能吸引人的场景，也就是你刚才慢慢"放映"的镜头写充分写具体。你们能写出比上一次更精彩的童话吗？

生写，教师巡视指导。

5. 交流点评。

点评重点：诗意的场景是否写得具体充分。

三、举办童话展

要求学生挑选一篇自己满意的童话，用统一的稿纸誊写，画上插图和花边。举办一个童话展，并请学生投票评选各种童话奖项和"小童话家"。

梯度之五：齐心协力串童话

教学时段：四年级整个下学期。

教学目标：1. 给出童话人物及立意，让学生编写童话，齐心协力串编童话，激发习作兴趣，提高习作水平。

2. 通过小组合作串编童话，培养学生的合作能力及竞争意识。

教学难点：引导学生小组合作串编"长篇童话"。

教学过程：

一、激情点燃，激发欲望

师：同学们，上学期我们已经创编了许多精彩的童话，许多童话获得了童话创编大奖，还涌现了好多"小童话家"，老师真为你们骄傲！同学们，编写一篇童话，已经不能满足我们了，应"小童话家"要求，这学期我们来创编长长的童话，创编出一篇连着一篇的童话，就像一本书一样，大家乐意吗？好，我们就几个要好的伙伴合作来创编……

二、创设情境，合作编写

1. 教师出示童话情境。

童话人物：阳光粒粒、风儿清清、灯泡亮亮、淘气包石石、机灵鬼滑滑……

童话场所：四年级教室向校园以及周边村庄延伸开去。

童话立意：通过粒粒、清清、亮亮、石石和滑滑他们的所见所闻所感，反映我们学习生活的喜怒哀乐。

2. 教师引导学生成立小组。

每个小组 2~5 个人。组长负责，大家参与，每一篇童话的构思、编写、修改、定稿以及誊写，都要有明确的分工。

3. 小组讨论童话整体框架。

师：我们分好组了，小组讨论一下，我们按照前面的提示，如何一篇接一篇来编写这个长篇童话呢？老师提醒大家：主要童话人物的性格要确定，他们活动的场所要能不断变化，他们所经历的事情可以是与不同人物发生的。

三、学生创编

教师及时了解各小组创写童话的情况，多肯定他们编写的长处，鼓励他们并给予引导。

四、定期交流、欣赏、评选

一周一次展示童话，引导学生欣赏、交流，并评出本周最佳串编童话小组和童话创编积极分子。

>>> 梯度性习作之诗歌教学

☾ 设 计 意 图 ▮▮◀▶

诗歌，是美的语言、美的想象、美的情感的结合体，孩子们都喜欢诗歌。结合六年级上学期"轻叩诗歌的大门"综合性学习活动，引导学生读诗、背诗、写诗。

梯度之一：排比诗歌

教学时段：六年级上学期。

教学目标：引导学生采用罗列排比的手法，结合拟人、比喻等来写诗歌。

教学难点：引导学生写"排比诗歌"。

教学过程：

一、欣赏图片

出示图片，学生欣赏，激发情趣。

二、比较阅读，体会排比句的妙处

1. 出示诗歌《眼睛》。

眼 睛

露珠，

是小草的眼睛；

星星，

是天空的眼睛；

湖泊，

是大地的眼睛；

灯塔，

是航船的眼睛。

我牵着盲人过马路，

我就是盲人的眼睛。

2. 学生交流，体会排比的美妙。

排比的美妙：采用排比的手法，从多角度来描述事物，并与拟人、比喻等修辞手法结合起来，会成为奇妙无比的诗。

3. 明确训练要求：采用排比写诗句。

师：将排比句巧妙分行分节，就成了美妙的诗。今天我们就来写排比句，并把排比句化成美妙的诗歌。

三、梯度练写排比诗歌

1. 练写一：欣赏排比诗句，仿写排比句。

① 出示排比诗句。

花 朵

星星，
是夜空的花朵；
焰火，
是节日的花朵；
我们，
是祖国的花朵。

师：作者展开想象，把星星想象成夜空的花朵，把焰火想象成节日的花朵，把少年儿童想象成祖国的花朵。我们也展开想象，写一个类似的排比诗句，题目为：天堂。想象一下，什么是快乐的天堂？至少写上三句。

② 教师引导学生交流，写排比句，力求生动、优美。

③ 交流点评。

④ 将写的排比句改写成诗歌，互相读读品品。

2. 练写二：完整填写排比诗歌。

师：我们再来欣赏诗句。（投影诗句）

> **我来了**
> 春天，
> 用第一个小嫩芽，
> 说：我来了。

春天用代表性的小嫩芽对别人说春天来了。那夏季、秋季、冬季是用什么代表性的景物来告诉别人的？请完成下面这首小诗。

> **我来了**
> 春天，
> 用第一个小嫩芽，
> 说：我来了。
> 夏天，
>
> 说：我来了。
> 秋天，
>
> 说：我来了。
> 冬天，
>
> 说：我来了。

生写，交流点评。

3. 练写三：从不同角度思考，练写排比诗句。

师：我们曾经采用列举来写排比句，从不同的角度来写排比句。下面，我们也想一想，从不同的角度来完成下面两首小诗。

> **笑**
> 妈妈的笑
> 是一阵微风，
> 把我的家吹热了。
>
> 妈妈的笑，
>
> 妈妈的笑，

> **笑**
> 妈妈的笑
> 是一阵微风，
> 把我的家吹热了。
>
> 爸爸的笑，
>
> 我的笑，

师：写好了，我们就来交流一下。（交流点评）

4. 练写四：根据意境，采用排比写诗歌。

① 教师描述意境，学生想象画面。

师：春天的小雨淅淅沥沥落下来，给人美妙的感受。它悄悄地落下来，落到雨伞上，会是怎样的情景呢？落到屋瓦上，又会是怎样的情景呢？落到河水里，落到你手心上，落到树枝上，落到荷叶上……同学们闭眼想象一下，这小雨滴不是普普通通的小雨滴，而是一个个调皮的小家伙，落下来分别是什么情景呢？

② 交流想象的画面，互相启发，看看谁最有创造力。

③ 将想象的画面按照诗句分节的形式，写出一首小诗。引导学生可以将拟人、比喻等修辞手法结合起来写。

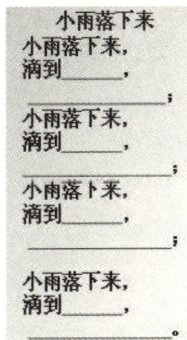

```
小雨落下来
小雨落下来,
滴到_____,
              ;

小雨落下来,
滴到_____,
              ;

小雨落下来,
滴到_____,
_____
              ;

小雨落下来,
滴到_____,
              。
```

④ 评析诗句。

5. 练写五：看图片，完成一首小诗。

师：露珠，晶莹透亮。小草上的露珠，荷叶上的露珠，鲜花上的露珠，枝条上的露珠，发尖上的露珠……它们各是什么状态？它们是小草、荷叶、鲜花、枝条以及发尖等的什么？展开想象，写一首小诗吧。

生写，教师指导，交流点评。

四、布置作业

1. 自由写排比小诗。

师："生活中不是缺少美，而是缺少发现美的眼睛。"同样的，生活中不是缺乏诗句，而是缺乏感受诗的那颗诗意的心。同学们，你们是天生的诗人。眼前处处是诗句，月光下、小河边、灿烂的天空、静谧的小路等，都拥有奇妙的诗句。只要你怀揣一颗诗意的心去思考、去感受，就会发现时时有诗句、处处有诗句、物物皆是诗。下面就请同学们将你们感兴趣的事物人格化，它们都是你们想象中的人，构写一首小诗，内容不限。

2. 将写成的小诗修改后誊写到作文本上。

梯度之二：比喻诗歌

教学时段：六年级上学期。

教学目标：欣赏诗歌，领略比喻的美妙；巧妙运用比喻，结合排比、拟人等修辞手法写诗歌。

教学难点：展开想象写"比喻诗歌"。

教学过程：

一、欣赏比喻之美妙

1. 欣赏古诗比喻之美妙。

① 教师出示课件。

> 1.小时不识月，呼作白玉盘。
> 2.不知细叶谁裁出，二月春风似剪刀。
> 3.大漠沙如雪，燕山月似钩。
> 4.日出江花红胜火，春来江水绿如蓝。

师：同学们，阅读古诗句，想一想，这些古诗句采用了什么修辞手法？古诗句的美妙与比喻手法的运用有没有联系？

② 引导学生逐句欣赏体会。

2. 欣赏一般比喻句之美妙。

① 教师出示课件。

> 1.妈妈是一个闹钟，每天早晨叫我起床。
> 2.白天，路灯是一棵棵的树；晚上，就变成一朵朵的花。
> 3.云，像一个忙碌的画家，在空中画出一幅又一幅的图画；云，像一个贪玩的小捣蛋，常常忘了回家。

师：读读这些比喻句，你有什么感受？

② 引导学生逐句欣赏体会比喻的美妙。

二、巧写比喻成诗歌

1. 巧将比喻句排成诗。

师：同学们，其实许多美妙的比喻句，只要分行排列，就是一首奇丽的小诗。

比喻句子
　　云，像一个忙碌的画家，在空中画出一幅又一幅的图画；云，像一个贪玩的小捣蛋，常常忘了回家。

比喻诗歌
云
像一个忙碌的画家，
在空中画出
一幅又一幅的图画；
像一个贪玩的小捣蛋，
常常忘了回家。

2. 引导想象，采用比喻叙写诗歌（一）。

根据句型，采用比喻续写诗歌
树
春天的树，
是花儿们选美的舞台；
夏天的树，
＿＿＿＿＿＿＿＿；
秋天的树，
＿＿＿＿＿＿＿＿；
冬天的树，
＿＿＿＿＿＿＿＿。
……

师：春天的树是花儿们选美的舞台，把树比作舞台，许多花儿都在树上竞相开放的美丽景象就描绘出来了。那么树在夏天、秋天和冬天又扮演了什么？请同学们根据季节的特点，展开想象，完成这首美妙的小诗。

3. 引导想象，采用比喻续写诗歌（二）。

采用比喻续写诗歌
妈妈的爱
妈妈的爱，
是一个枕头，
枕着我黄色的梦。
妈妈的爱，
＿＿＿＿＿＿＿＿，
＿＿＿＿＿＿＿＿；
妈妈的爱，
＿＿＿＿＿＿＿＿，
＿＿＿＿＿＿＿＿；
……

师：妈妈是小闹钟，天天叫我早起。妈妈还是什么呢？展开想象的翅膀，采用比喻，将自己对母亲的情感融入文字，完成这首小诗吧。

4. 采用比喻写"拼音字母"诗歌。

> 拼音字母
> 拼音字母很神奇，
> 能使我们想起很多很多。
> A像宝塔，
> 引领我们一步步登上顶峰，
> 欣赏辽远的风景；
> B＿＿＿＿＿＿＿，
> ＿＿＿＿＿＿＿＿＿＿＿；
> ……

师：汉字有感情，拼音字母也有情感。请你们想一想，字母A像什么？像不像宝塔？宝塔有什么作用？其他字母又像什么？展开想象，构写这首美妙的诗歌。

三、布置作业

自由写一首小诗，采用比喻、排比、拟人等手法。

梯度之三：拟人诗歌

教学时段：六年级上学期。

教学目标：通过阅读欣赏诗歌，进一步体会拟人手法的美妙，引导学生展开想象，采用拟人手法来写诗。

教学难点：展开想象，采用拟人手法写出简短迷人的诗歌。

教学过程：

详见本书第62页至第65页相关内容。

梯度之四："点睛"诗歌

教学时段：六年级上学期。

教学目标：引导学生练写诗歌，知道结尾点睛，力求诗意盎然。

教学难点：体会诗的"点睛"之处，并会在写的诗歌结尾处"点睛"。

教学过程：

一、欣赏小诗，感受最后一句诗的"味道"

> **阳 光**
> 阳光在窗上爬着，
> 阳光在花上笑着，
> 阳光在溪上流着，
> 阳光在妈妈的眼里亮着。

师：这首诗的最后一句是哪一句？能不能换一句，为什么？（引导学生交流）

二、欣赏诗句，试填最后一句

1. 试写一：逐句出示诗句，试想填写。

① 逐句出示诗歌。

> **花一把**
> 花一朵好看。
> 花一山好看。
> 花一盆还好。
> 花一把就笨了！除非

② 老师引导逐句读诗句，并引导思考。

师：花一朵好看，是什么花？在哪里？怎么好看？

师：花一山好看，怎么好看？是什么情景？

师：花一盆怎么样？为什么说"还好"而不是"好看"？小诗写到这儿，结尾了吗？为什么？

③ 引导填写最后一句诗。

师：最后一句"花一把就笨了"，后面怎么写？你会吗？

生写，教师引导点评。

2. 试写二：根据《花一把》的结构，仿写一首小诗。

> **颜色**
> ＿＿＿＿＿＿好看。
> ＿＿＿＿＿＿好看。

_____还好。

_____就_____了！除非

_____。

师：我们刚才感受的都是诗人写的诗句，我们总觉得诗人比我们写得好，其实，我们每一个人都是天生的诗人，我们也来写一首这样的小诗。

生写，教师巡视指导。

交流点评。

3. 试写三：自己创作"最后一句点睛诗句"。

师：老师也喜欢写诗，写了总感觉不知道怎么写最后一句，你们能帮忙吗？

我是一支黑色的画笔

我是一支黑色的画笔，

我要把小妹妹的牙齿涂黑，

让她变成笑掉牙的老奶奶；

我要把红玫瑰涂成黑色，

让它以为自己中了剧毒；

我要把白天鹅的羽毛涂黑，

让它以为醒来变成了乌鸦。

但是但是，这些都不算什么，

我最伟大的杰作，

是_____。

生写，教师巡视，交流点评。

三、作业

1. 自由写一首小诗，注意最后点睛的一句诗。

师：最后的一句诗，往往使整首诗诗意盎然，所以写的时候要好好构思，巧妙书写，看看谁的诗句写得更吸引人。

2. 将写成的小诗修改后誊写到作文本上。

习作梯度训练之读书笔记教学

设计意图 ▐▐▶

　　读书笔记，是读书时为了把文中的精彩部分整理出来或把读书心得记录下来而写的笔记。让学生读书时写读书笔记，是训练学生阅读的极好方法，还能锻炼他们的语言表达能力。教学中，我们该如何促进他们多读书，在读书时写读书笔记，养成读书"动笔墨"的好习惯呢？

　　我们依据课标精神，根据学生心理特征，精心设计了从"摘抄笔记""批注笔记""人物笔记"到"写读后感"的梯度训练，让他们渐入读书笔记佳境。

梯度之一：积攒"财富"抄词句

　　教学时段：三年级。

　　教学目标：通过"读书攒钱"活动的开展，激发学生读书摘抄自己喜欢词句的兴趣，并初步养成读书做笔记的好习惯，丰富他们的语言积累。

　　教学难点：促进学生养成读书做笔记的好习惯。

　　教学过程：

一、未成曲调先有情

1. 谈话导入，激发兴趣。

师：同学们，我们班上有富翁吗？没有。谁愿意成为富翁？我这里说的不是钱财的富翁，而是语言的富翁。怎样成为语言的富翁？攒钱呗。我们攒的这个钱，比现实口袋里的钱更好，现实中的钱花出去就没了，可是，我们积攒语言的钱，花出去，也就是说话时用了，或者写文章时用了，不会用完，还积攒在我们的脑袋里，越用越灵活，越用越牢固，别人是抢不去的。这语言的钱多好啊！可这钱怎么攒呢？这就是我们要开展的活动。这活动很简单，就是把你平时读书中感受深刻的、喜欢的词句摘抄下来，读读记记就行了。大家愿意参加这项攒钱活动吗？

2. 给自己的笔记本取一个好听的名字。

师：同学们，我们给自己攒钱的笔记本取一个属于自己的富有个性的好听的名字。

预设：采蜜本、摇钱树、语言大观园等。

3. 引导学生明确摘抄要求。

师：我们摘抄喜欢的词句数量不多，每天摘抄词语不少于 5 个，句子不少于 3 个，词语要会写，句子最好能背诵。为了看上去舒服，必须达到两个要求。

> **摘抄要求**
> 一、字要写工整清秀；
> 二、讲究格式，看上去"养眼"。

师：我们摘抄采用什么格式呢？

> **X月X日　星期X**
> 喜欢词语：
> 优美句子：
> 1.＿＿＿＿＿＿＿＿＿＿＿
> 2.＿＿＿＿＿＿＿＿＿＿＿
> 3.＿＿＿＿＿＿＿＿＿＿＿

师：当然，为了吸引人，你可以画上插图或者花边。同学们，我们没有其他的什么家庭作业，只要做好这件事，愿意吗？

二、备好"米","巧妇"相伴

1. 解决摘抄之"米"。

开始几天，让学生摘抄课文中自己喜欢的词句，然后再摘抄课外阅读中的词句。

创办班级图书角，提供课外读物。图书来源于两方面：一是班上学生共享的图书，学生将自己喜欢看的书带到班上来共享（互相借阅）；二是学校图书馆里的图书。

2. 鼓励家长同阅读促摘抄。

与家长取得联系，尽量让家长与孩子同阅读，共同选取好词佳句，说说好词佳句的意思，让孩子在家长面前背下摘抄的优美句子。

三、浪花一浪推一浪

1. 每日交流。

每天中午，抽出 15～20 分钟时间，让学生以 4～5 个人为一个小组，互相交流：每人读出摘抄的词语并说出大概意思，读出或者背诵摘抄的句子；有选择地摘抄别人的词句，充实到自己的积累本子里。

2. 每周展示。

每周五下午第三节课，以小组为单位，互相听词语，互相背诵积累的句子，得分高者为本周"语言超市小老板"。

3. 每月评比。

每月进行一次"语言财富"大评比活动：独自默写出本月摘抄的词语和句子，多者获胜，评为"语言公司总经理"。

4. 学期总结。

学期结束，根据"语言超市小老板"和"语言公司总经理"头衔的积分，以及平时习作中灵活运用积累的好词佳句的积分，评出本学期"语言富翁"若干，并给予奖励。

梯度之二：抓住感受写批注

教学时段：四年级。

教学目标：在摘抄词句活动的基础上，激发学生边读书边思考边记下自己感受的兴趣，养成读书写批注的好习惯。

教学难点：促使学生养成读书写批注的好习惯。

教学过程：

一、谈话导入，名人引路

师：同学们，我们三年级通过摘抄词句积累了丰富的语言，有的同学被评为"语言超市小老板""语言公司总经理"，还有的被评为"语言富翁"。本学期，我们继续开展活动，但在原来的基础上有所改变，那就是——不动笔墨不看书。怎么动笔墨？不单单摘抄词句，还要写下自己思考的内容。大家都知道伟大领袖毛泽东吧？请看他是怎么读书的。

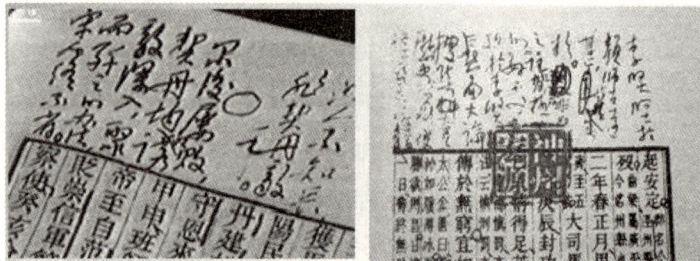

师：这是毛泽东边看书边思考写下的文字。他每次读书，都在重要的地方画上圈、杠、点等符号，并写下自己思考的内容。他读的《伦理学原理》一书共10余万字，他的批语有12100多个字；他读《辩证法唯物论教程》，在空白处写了13000多个字的批语。同学们，毛泽东为什么那么有思想，成为人人敬仰的伟大领袖？这与他读书的习惯有极大的关系。我们三年级就养成了读书摘抄的习惯。现在，我们就前进那么一小步，学习伟大领袖毛泽东，读书时写下自己的感受，也就是批注。我们这学年就开展读书做批注的活动。

二、具体指导学生写批注

1. 要求学生准备一个笔记本，并取一个喜欢的名字。

2. 引导学生理解写批注的做法。

师：同学们，其实我们在三年级时已经做过许多批注了。预习时，我们在书页的空白处写下自己对一些语句的感受或疑问，这些感受和疑问就是批注；我们抄写课文中的重点语句，并在后面写下这段话的意思，写下的意思就是对这段话的批注。

3. 明确读书做批注活动的具体要求。

师：我们这次读书做批注活动，就是在读课外书时摘抄优美的语句或令人感动的语段，并在后面写下自己的感受。怎么写批注呢？有的句子很美，我们很喜欢，就可以抓住句子采用的方法做批注。

> 小豆豆正一边在路上蹦跳，一边嘴里像机关枪似的说着什么。（摘自《窗边的小豆豆》）
> 批注：嘴里像机关枪似的说着什么，一个比喻，将小豆豆不停地说话，而且说得很快的样子写出来了。

师：有的句子内容让人感动，我们就从抓住感动的角度来做批注。

> 小豆豆不由得感到自己有生以来第一次碰上了真正可亲的人。因为小豆豆长这么大还从来没有人用这么长的时间来听自己讲话。而且在这么长时间里连一个呵欠也没打，丝毫也没有厌倦的表示。（摘自《窗边的小豆豆》）
> 批注：校长听小豆豆说话，一连听她说四个多小时，而且听时没打一个哈欠，一丝没有厌倦，这校长是多么有耐心啊，这怎么不让小豆豆感动，如果我遇到这样的人，我也会感到他是我最可亲的人，因为就是我的爸爸妈妈爷爷奶奶，也没有这个耐心，听我们啰唆四个多小时啊。能遇到这样的校长，多幸运！

师：我们现在做批注，主要从两个方面来进行：一是从句子采用的表达方法做批注；二是根据句子的意思做批注。

师：批注难吗？不难，就是记下自己的想法。批注难吗？难，难在养成读书做批注的习惯。我们如果养成这种读书做批注的好习惯，将终身受益。

三、同读一本书写批注

1. 四年级上学期同批注《窗边的小豆豆》，教师引导大家一起读，可以随意在书上写批注，每天摘抄一两句做重点批注。

2. 四年级下学期同批注《草房子》，注重内容的批注引导，为以后写读后感中"感"的内容打下基础。

四、定期交流评比

1. 每日交流。

每天中午抽出 15～20 分钟时间，4～5 人一个小组，互相交流批注。

2. 每周评比。

每周五下午第三节课，以小组为单位，评选出批注好的句子，在班上交流。

3. 每月展示。

将优秀的批注用统一的纸张誊写或打印出来，粘贴到"学习园地"上，供大家欣赏。

4. 学期总结。

学期结束，根据交流与展示的积分，评出本学期"批注达人"若干，并给予奖励。

梯度之三：抓住个性"读"人物

教学时段：五年级。

教学目标：根据师生同读的《窗边的小豆豆》和《草房子》，引导学生再"读"人物，概括叙述人物特征，练写读后感中的"读"。

教学难点：抓住人物描写内容"写"出人物个性特征。

教学过程：

一、读读写写小豆豆

课前准备：让学生再一次浏览《窗边的小豆豆》，梳理小豆豆的有关趣事，并用简洁的语言概括出来。

1. 聊聊小豆豆。

师：我们读过了《窗边的小豆豆》，小豆豆做了许多有趣的事情，具体有哪些呢？

引导学生罗列小豆豆的趣事。

师：我们被小豆豆天真、淘气的可爱劲儿所吸引。请你们想一想，如果用一个词来概括小豆豆的特点，你会选什么词呢？

小豆豆是个_____的女孩

2. 写写小豆豆。

师：从书中哪些趣事可以看出她是这样的女孩子？下面就请同学们以填空的这句话为中心句，写一段话。这段话不是具体描写，而是概括叙述，可以用我们练习过的排比句式写出来。

生练笔，教师巡视指导，并交流点评。

师：小豆豆的性格特征一个词能概括了吗？你还能用一个其他的什么词概括呢？

小豆豆还是个＿＿＿＿＿的女孩

师：同样，以这个为中心句写一段话，可以用排比句式，也可以不用。

生练笔，教师指导，点评。

师：小豆豆还是一个什么样的女孩？也许，你还可以用其他的词语概括，对吧？同学们，小豆豆这个女孩子在你脑海里是什么形象，我们就可以怎样写出来，如果我们再加上开头和结尾，就写出了分析小豆豆的作文，大家明白了吗？今天的作业就是完成这篇关于小豆豆的文章。

二、读写《草房子》人物

课前准备：让学生再次浏览《草房子》，把最喜欢或者印象最深的人物的一些事情，用简洁的语言一一概括出来。

1. 聊一聊书中人物。

师：我们同聊小豆豆一样来聊一聊《草房子》中的人物。先确定一下，你喜欢的或者印象最深的人物是谁？你能用一个词语概括出来吗？

（预设人物：桑桑、秃鹤、杜小康、纸月、秦大奶奶等）

小组讨论交流。

小组代表发言交流。

2. 写一写书中人物。

师：同写小豆豆一样，我们把刚才交流的人物个性特征写下来，注意尽量写出人物完整的个性特征。

学生练写，教师巡视指导。

交流点评，修改誊写。

梯度之四：触动心灵读后感

教学时段：五年级。

教学目标：在"批注笔记"与"人物笔记"训练的基础上，引导学生写读后感，做到"读""感"内容的和谐统一。

教学难点：引导学生写出"读""感"一致的读后感。

教学过程：

一、复习导入，了解读后感

师：我们读书做批注，常常把内心感受写到书的边上；上一次作文课，我们又练习写了"人物笔记"。今天，我们就把两者结合起来，写读后感。什么是读后感呢？就是读了一篇文章或者一本书，把触动内心的感受写成一篇文章。

二、范文引路，了解读后感写法

1. 教师出示例文。

小豆豆真善良
——读《窗边的小豆豆》有感

小豆豆，是日本作家黑柳彻子创作的《窗边的小豆豆》的主人公，我被她内心的善良所感动。

小豆豆性格开朗，喜爱和同伴一起玩，即使是患了小儿麻痹症的山本泰明也不例外。有一次小豆豆带泰明到她自己的那棵树下，想让他爬上树看得更远。小豆豆去校工叔叔的工具房里拖来梯子，让患了小儿麻痹症的泰明爬上树，这对小豆豆和泰明来说是多么困难的挑战！然而，小豆豆不放弃，想了很多方法，费了很大的劲，才让泰明爬到树上，与小豆豆一起放眼看世界。

小豆豆不嘲笑残疾人，尽心帮助残疾同伴，我对她真是佩服得五体投地。想一想我自己，真是很惭愧，我有时在说话结巴的人面前，故意把话说得吞吞吐吐不连贯；有时在腿脚不便的同伴边上，故意装作走路一拐一拐；有时对着光头大喊：灯泡好亮哦，太阳真晒啊……

与小豆豆相比，我感到无地自容，不去帮助别人也就罢了，还这么嘲笑别人。想一想，真是不应该啊，我为以前的自己感到脸红。以后我再也不嘲笑别人，要善待残疾人——这是善良的小豆豆给我的最大启示。

2. 引导学生分析读后感的内容。

师：这篇读后感有哪两大块主要内容？

引导学生讨论交流，教师小结：读后感有两大块内容，一是"读"，就是书中给人感受深的内容；二是"感"，就是感受，联系生活实际谈的感受。

3. 引导学生知晓读后感的写法。

师：我们该怎样来写读后感呢？

引导学生讨论交流，教师小结：首先想一想，这篇文章或这本书最让自己感动的人是谁、事是哪些？找到感动点。接着想一想，书中最让人感动的场景是哪些？用简洁的语言概括叙述出来（读的内容）。再联系实际想一想，生活中有这样感动的人与事吗？自己在这方面怎么样呢？这里有一点要特别注意的是："读"与"感"的内容要一致，不能脱节。

三、明确要求写读后感

1. 明确要求。

师：我们这一次就是根据自己读过的文章或一本书，写一篇读后感，特别注意的是写读后感不要过多地重复书中的内容，也就是"读"不要写得太多，重点是"感"，要着重写出自己的感受。同学们还要注意一点，在"读"与"感"之间，我们一定要采用什么句子？对，过渡句，这样，文章就衔接紧密了。

2. 学生写读后感，教师巡视指导。

3. 点评，修改，誊写。

点评重点："读"是否重复太多，"感"是否联系实际写得具体、深刻；"读"与"感"内容是否一致；"读"与"感"之间的过渡是否自然。

❯❯❯ 习作梯度训练之波折教学

☾ 设 计 意 图 Ⅲ▶

　　世上的路不会笔直不弯曲，现实生活也不会一帆风顺没坎坷，我们写文章更不能平铺直叙无波折，不然就平淡无味，激不起读者的阅读兴趣。然而，我们语文老师该如何巧妙引导学生知晓波折，将文章写得一波三折呢？

　　我们根据孩子的心理特征，遵循习作规律，精心设计了波折梯度训练："漫画波折"（初识波折，抓重点写波折）→"影视波折"（视频激趣，抓细节写波折）→"童话波折"（展开想象，构写波折）→"现实波折"（观察生活，描写真实波折）→"内心波折"（感受内心，抒写内心波折），给他们搭建一个个训练平台，让他们一步步登上习作阶梯，渐入波折习作佳境。

梯度之一：根据漫画写波折

　　教学时段：四年级。

　　教学目标：通过交流学习，明白波折的含义及作用；知道抓住重点将事情叙述得一波三折吸引人。

　　教学难点：学会将事情叙述得曲折、吸引人。

　　教学过程：

一、故事导入，初次感受波折

1. 教师叙述情趣故事。

相传，纪晓岚有一次为一个朋友的老母祝寿，当即作诗一首，劈头第一句就是："这个老娘不是人。"宾客们都吓了一大跳，心想纪晓岚你这大才子今天是怎么了？是来替朋友母亲祝寿，还是来"砸场子"？正当大家惊讶之时，纪晓岚却不慌不忙继续念道："九天仙女下凡尘。"大家听了，都松了一口气，随即鼓掌叫好。谁知纪晓岚又来一句："生个儿子却做贼。"此时，宴会主人脸上勃然变色，大家也都不知所措，傻傻地望着纪晓岚。哪知纪晓岚却从容说道："偷得蟠桃献娘亲。"哈哈哈，亲朋好友无不欢笑举杯，畅饮为快。

2. 引导思考：听故事时，你有什么感受？

> 这个老娘不是人，（骂母——令人生气）
> 九天仙女下凡尘。（夸赞——鼓掌叫好）
> 生个儿子却做贼，（骂儿——令人愤怒）
> 偷得蟠桃献娘亲。（夸赞——举杯欢庆）

师：纪晓岚前一句似乎在骂人，接着来一句就峰回路转，变成夸赞了，你感觉怎样？

> 不是人 ——波折—— 九天仙女
> 儿做贼 ——波折—— 偷桃献娘

师：这个故事告诉我们文章似山不喜平，它讲究的是曲折多姿，讲究的是一波三折。

二、对比漫画，再次感受波折

1. 依次出示漫画，说故事情节。

师：说一说漫画的内容，吸引人吗？为什么？（生交流）

师：说一说漫画的内容，与前一组漫画有什么区别？你喜欢哪一组？为什么？（生交流）

师：这一组漫画又添加了什么内容？你喜欢吗？为什么？（生交流）

2. 比较感受，体会波折。

师：这三组漫画，你最喜欢哪一组？为什么？（生交流）

3. 给漫画拟题。

师：同学们，这漫画的题目是什么？你可以从最吸引人的波折处来拟题。（错把光头当足球或踢"足球"）

三、练写漫画，力求写得一波三折

1. 说漫画故事。

师：如果把这漫画讲给别人听，怎么讲才能吸引人？（生交流）

师：要将漫画讲得吸引人，波折之处要说具体。哪些内容要重点说？（生交流）

师：父亲下去捡足球，儿子在上面等，会怎么想？怎么做？当他看到像足球一样圆溜溜的东西"冒"上来的时候，他心情怎样？怎么想？又是怎么做的？父亲被儿子踢了之后又是一个怎样的场景？（生交流）

2. 学生写漫画，教师巡视指导。

师：将刚才说的漫画内容，特别是波折之处，重点写出来。（生练写）

3. 交流点评，修改誊写。

梯度之二：观看影视写波折

教学时段：四年级。

教学目标：1. 聊一聊影视作品中吸引人的情节，再一次感受波折的魅力。

2. 观看波折视频，练写视频波折，知晓抓住细节将内容写得一波三折吸引人。

教学难点：抓细节写波折。

教学过程：

一、聊一聊孙悟空借芭蕉扇，感受波折魅力

师：同学们，大家都看过《西游记》，孙悟空向铁扇公主三借芭蕉扇，你喜欢吗？为什么？（生交流）

师：孙悟空借芭蕉扇可谓是一波三折，试想：如果作者就说孙悟空去铁扇公主那儿借扇，铁扇公主就借给他了，这么平铺直叙，你们喜欢看吗？（生交流）

二、观看简短视频，聊聊影视波折

播放《大头儿子和小头爸爸》第二部第二集《谁怕打针》，引导学生观看。

1. 一看《谁怕打针》，了解故事情节。

师：我们来看《大头儿子和小头爸爸》中的《谁怕打针》，边看边想，它讲了一件什么事？大头儿子发烧了，小头爸爸怎么做？大头儿子怎么表现？小头爸爸发烧了，大头儿子与他妈妈怎么做？小头爸爸怎么表现？结局怎样？

2. 二看《谁怕打针》，感受故事波折。

师：这个视频中，哪些情节吸引你？为什么？

3. 三看《谁怕打针》，注意波折细节。

师：我们第三次看《谁怕打针》，这一次大家要特别留心的是：在吸引你的情节中，大头儿子和小头爸爸是怎么说的？怎么做的？怎么想的？这些细节都看仔细了。

三、练写视频波折

1. 明确习作要求。

师：我们刚才三次看了《谁怕打针》，对这个故事已经很清楚了，下面就写这个视频故事。这次写的要求是：抓住细节将故事写得一波三折吸引人。

2. 学生练写，教师巡视指导。

3. 交流点评。

点评重点：是否写出了波折？波折的细节（人物的语言、动作、神态、心理等）是否写清楚了？

4. 修改誊写。

梯度之三：展开想象写波折

教学时段： 五年级。

教学目标： 展开想象，构想波折写童话，力求将童话写得吸引人。

教学难点：想象波折写童话。

教学过程：

一、谈话导入，激发兴趣

师：同学们，我们已经练习了"漫画波折""影视波折"，知道什么是波折，写文章一波三折才吸引人。今天继续来写波折，老师不提供波折的内容，你们自己想象编写波折童话。

二、创设情境，激发想象

1. 创设情境，引发想象。

师：有这么一只淘气机灵的小花猫，跟随妈妈老花猫出去玩，东游西荡走散了，误进了野兽出没的森林……小花猫在森林里遇到了哪些危险？结果怎样？请放飞你想象的翅膀，尽情想象吧。小花猫的遭遇越曲折越吸引人，越能受到读者喜爱。

2. 学生闭眼想象。

三、交流情节，构筑童话

1. 交流童话情节。

师：同学们，将刚才想象的小花猫的遭遇在小组内讨论交流，看看谁想象的情节一波三折吸引人。（组内交流）

师：组内谁的想象最吸引人？各小组选派代表交流。（班级交流）

2. 修改情节，完善童话。

师：听了别人想象的小猫的遭遇，你有什么启发？能否修改一下情节，使自己的童话波折不断，紧张刺激吸引人？（生交流）

四、静心放映，编写童话

1. 引导学生打腹稿。

师：小花猫的遭遇究竟是怎样的呢？一百个作者会有一百个不同的想象，下面就请同学们闭上眼，使自己修改完善的情境在眼前闪现出来——就是我们练习过的"放电影"。老师提醒一下，料想不到紧张刺激的情境，要放慢镜头，慢慢放映，多放映几次，将当时的场景放映清楚。（生"放

电影"打腹稿)

2. 学生编写童话，教师巡视指导。

师：我们拿起笔，写下放映的童话，特别注意的是要将刚才放映的"慢镜头"，用重笔墨写细致。（生写）

3. 交流点评，修改誊写。

梯度之四：观察生活写波折

教学时段：五年级。

教学目标：观察生活，感受生活的丰富与曲折；叙写生活中真实的故事，力求写得一波三折感动人。

教学难点：将真实的故事写得一波三折感动人。

教学过程：

一、欣赏片段，感受波折的精彩

1. 欣赏学生习作精彩片段，收获波折描写的喜悦。

正当小花猫庆幸没掉下悬崖时，旁边一条毒蛇却悄悄地爬向了他，1米，0.8米，0.6米，0.5米，0.3米……眼看毒蛇就要向毫无察觉的小花猫发起进攻了，在这千钧一发之时，"啪"的一声，一个大松果，打在了毒蛇的头上。小花猫顺声望去，见了毒蛇，吓了一大跳，连忙纵身一跃，一口气爬上了身边高大的松树。到达树顶时，他才发现树枝上的小松鼠正望着他笑。啊，是小松鼠丢下松果提醒他，救了他……（王尘莹）

一转弯，一只老虎出现在他面前，他顿时吓得两腿发软，浑身发抖。看来，这次他是跑不掉了，会成为老虎的美味了，他闭上了眼睛……可是，老虎却跑过来抱住他，大声喊道："虎虎，虎虎，你跑哪里去了？妈找你好辛苦啊！"啊？虎虎？我是虎虎，老虎把我当她的孩子了？为了救命，我就只能假装是她的孩子了……（叶刚）

欣赏重点：童话情节吸引人吗？

二、交流波折故事，感受生活的曲折

1. 引导学生讲述故事。

师：同学们，我们展开想象写了童话波折，今天我们要叙写生活中真实的波折故事。我们把准备好的故事讲给别人听，力求抓住曲折点将故事讲得吸引人。

2. 小组内讲故事。

师：我们先小组内互相讲故事，互相点评。点评重点是：故事真实吗？曲折点讲清楚了吗？（组内交流点评）

3. 小组代表讲故事。

师：各小组选取精彩的故事到班上讲，让大家点评：故事讲得曲折吸引人吗？哪些地方还需要修改补充？（班上交流点评）

三、交流感人，聚焦曲折

1. 引导学生了解故事的感人与曲折之间的联系。

师：我们都讲了故事，故事中哪些地方很感人？感人之处是不是故事的曲折点？（生交流）

2. 教师小结：通过交流，我们发现，故事的感人之处就在故事中意想不到的曲折之处，这就是我们要把故事的曲折点讲具体讲充分的原因所在。

四、抓住曲折，构写真实故事

师：讲得好还得写得好。我们把这感人的故事写下来吧，要抓住曲折点，将文章写得曲折感人。

学生习作，教师巡视指导，并组织交流点评、修改誊写。

梯度之五：自我体验写波折

教学时段：六年级。

教学目标：明白作文与做人一样要真实，学会写真实的内心波折。

教学难点：写出真实的内心波澜。

教学过程：

一、创设情境，感受内心的波折

师：今天我们来玩石头剪刀布的游戏，一局定胜负。不要急着高兴，我们有赌注的，如果输了，今天的语文作业翻倍；如果赢了，作业不用做；如果平局，做正常的作业。有些同学不愿意玩这个游戏，不行，这是规定，都得参加！

师：有些同学心里不服，不服也不行，老师有老师的想法，希望你们能理解。

（师生进行石头剪刀布的游戏）

师：有同学输了，哎呀，作业要翻倍喽！你怎么想？有同学赢了，哈哈，不用做作业啦！你心情怎样？还有平局的，你又是怎么想的？

（生交流）

师：如果我马上宣布一个消息，你又会怎么想？好好感受自己的内心。我要宣布——刚才的游戏是闹着玩的。你此时心情怎样？（生交流）

二、说一说内心波澜，感受内心波折

师：同学们，刚才仅仅是一个游戏，也许你的内心荡起一阵阵的"涟漪"，你能把这一阵阵"内心波澜"一一说出来吗？（找伙伴交流）

师：刚才大家都说了内心的感受，谁愿意把你的心湖荡起的美丽涟漪奉献给大家欣赏？大家听后点评一下：是否说出内心的曲折了？

（生交流点评）

三、出示波折，领悟作文要真

师：我们来看看下面两个同学的习作片段，读一读，你发现问题了吗？

> ……正在我手足无措的时候，同桌似乎看透了我的心思，"给你！"他边说边把新买的尺子折断，递给我一段，我惭愧极了，说："谢谢你。""不用谢，同学之间就应该互相帮忙的！"他乐呵呵地说。

> ……我夹了一点菜尝起来，天哪！这菜怎么有一股怪味？我把盐的包装袋拿起一看，这不是洗衣粉吗？把糖的包装袋拿起一看，这不是水淀粉吗？呀，我明白了，原来我们把调料都拿错了呀！

师：把尺子折断送给同学，洗衣粉放到灶台上，脑子是不是有问题？同学们，我们不能为了追求文章的波折而胡编乱造，写真事与编童话不一样，同学们要区分开。

> 做人要直，正直——人品
> 写文要真，真诚——文品

四、感受内心，抒写内心波折

师：同学们，前面老师做游戏逗了大家，大家的内心涌出一阵又一阵的各种滋味，下面就请你们把自己内心的波澜细细描绘下来。老师期待的是你们真实的内心波澜。

学生习作，教师巡视指导，并点评修改。

▷▷▷ 习作梯度训练之心理描写

☾ 设 计 意 图 ▮▮▶

心理描写是刻画人物的重要方法，却是学生习作教学的难点。我们根据儿童心理，联系他们学习生活实际，结合课文，创设情境，设计了心理描写梯度训练：从"巧算 24 写思考""趣味游戏写揣测""两我争斗写矛盾""故意刺激诉委屈"到"直抒胸怀要细腻"，让他们逐步学会写心理活动。

梯度之一：巧算 24 写思考

教学时段：三年级下学期。

教学目标：通过巧算 24 活动，让学生知晓巧算 24 的方法，练写思考过程，初步训练学生的心理描写。

教学难点：练写巧算 24 的思考过程。

教学过程：

一、激趣导入，知晓算 24 的游戏规则及方法

1. 激趣谈话。

同学们，你们喜欢数学吧？今天的语文课，我们来玩数学游戏，大家喜欢吗？

2. 明白规则。

引导学生知晓算 24 的游戏规则：给出 4 个数字，每个数字只能用一次，用加减乘除的方法，算出24。

让学生说一说算24的规则。

3. 交流方法。

同学们，谁有什么快速算出24的方法？

学生讨论：

① 寻找伙伴：3则找8，8则找3，4则找6，6则找4，算出12找2，2则找12。

② 任意加减：拿到大数就任意加减，然后再来配；小数先乘，然后再来配。

【设计目的：打通语文数学科目的通道，让学科学习互相融合。兴趣是学习的老师，激趣谈话，驱动学生学习内驱力；练说算24游戏规则，交流算24的方法，都为后面的活动以及写作做准备】

二、星级过关，注意自己的思考过程

1. 明白星级过关。

本次活动采用星级累分形式进行。

星级难度：题目有难有易，难易程度用星级来衡量，几星级过关了就得几十分。

时间限制：每一道题在规定时间内按要求算出就过关。

奖励分值：每一道题超过规定的方法数之外，还想出其他方法，额外加分。

组长负责：时间到了，就停笔，组长负责计算组内人员的分数。

2. 巧算活动。

① 出示一星级题目，引导计算。

题目：3　4　5　8

时间：1分钟

方法：要求一种

方法一：$3 \times 8 \times (5-4)$

方法二：$(5+4) \div 3 \times 8$

方法三：$(8+4) \times (5-3)$

方法四：$4 \times (5+3) -8$

算出了一种方法，得 10 分，另外算出一种方法加 10 分。

交流思考过程，特别要引导学生说一说没有算出来的思考过程。

② 出示二星级题目，引导计算。

题目：2　4　8　10

时间：2 分钟

方法：要求两种

方法一：2+4+8+10

方法二：（2+10）×（8÷4）

方法三：4×（10−8÷2）

方法四：4×8−10+2

方法五：4×10−2×8

算出了两种方法，得 20 分；另外算出一种方法，各加 10 分。

交流思考过程，同样要注意引导学生说一说没有算出来的思考过程，以及算出来之后的喜悦之情。

③ 出示三星级题目，引导计算。

题目：3　5　7　8

时间：1 分钟

方法：要求一种

方法一：3×7+8−5

方法二：5×7−8−3

算出了一种方法，得 30 分；算出两种方法，得 40 分。

交流思考过程，同样要注意引导学生说一说没有算出来的思考过程，以及算出来之后的喜悦之情。

④ 出示四星级题目，引导计算。

题目：4　4　10　10

时间：2 分钟

方法：要求一种

方法一：（10×10−4）÷4

算出来了得 40 分。

交流思考过程，同样要注意引导学生说一说没有算出来的思考过程，以及算出来之后的喜悦之情。

⑤ 累分，奖励。

【设计目的：采用星级累分奖励的形式进行，使游戏活动增加趣味性，题目由易到难，思考过程也越来越复杂，而且要求鼓励学生算出多种方法，目的在于加深他们的思考过程，让这些数字与24在他们的脑海里多"碰撞"、多"纠结"，在心里留下痕迹，为后面描写思考过程做好铺垫】

三、练习写作，写出自己的思考

1. 引导习作。

习作重点：写出思考过程。

练写片段：抓住自己思考印象深的星级题目来写一个片段。

> 第一道题是2、3、5和7四个数字。按照我的方法会先全部相加，一算，得17，还差7，这不行。等等，咦，有3，就得找8，8呢？8该怎么得出？剩下的2、5和7怎么算出8来？不行，算不出。我随便算，2乘3，得6，没4，不行。3乘7，得21，差3，剩下的数2和5相减，正好是3！哈，我算出来啦！我欣喜若狂。

引导学生懂得写法，特别提醒，不要像做数学题一样把式子列出来，要写出思考的过程。

2. 学生习作。

3. 交流点评。

4. 修改誊写。

【设计目的：在活动的基础上进行练写，学生感受深，写起来不会感到困难】

梯度之二：趣味游戏写揣测

教学时段：四年级下学期。

教学目标：通过趣味游戏，激发学生学习兴趣；抓住游戏活动中的情趣，让学生练习写作游戏之中自己的揣测心理。

教学难点：生动具体地写出揣测心理。

教学过程：

一、谈话激趣，明确游戏规则

1. 谈话激趣。

同学们，今天我们来玩石头剪刀布，我与你们大家玩，三局两胜，获胜的同学选做作业，怎么样？

2. 明确石子剪刀布的游戏规则。

老师与大家玩游戏，自己想出什么，先在草稿纸上写出来。老师说："准备——开始！"当"开始"喊出，大家就一起把手伸出来，是什么就是什么，不允许改变，然后对着老师出的，确定自己是输是赢还是平局。

3. 引导学生揣测老师心理，尽量赢老师。

赢了老师是多么大快人心的事！为了大快人心，大家努力吧！

【设计目的：游戏，同学们都喜欢；跟老师比赛，学生更是喜爱。以这种方式来引导学生学习，学生兴趣自然浓厚，同时能激发学生赢的欲望，为他们后面的游戏奠定基础】

二、进行游戏，争取赢得比赛

1. 第一局。

① 引导猜测。

同学们，你们想一想，老师会出什么呢？你又出什么呢？好好想一想。

多叫几个学生说一说。

② 师生对垒。

老师喊"开始"——老师出了"布"，你看看自己是什么？是输是赢还是和局？

③ 引导学生说一说自己的感受。

2. 第二局。

① 引导猜测。

同学们，你们想一想，老师第一次出了"布"，第二次又会出什么呢？是"剪刀"还是"石子"，这次还会出"布"吗？好好想一想，然后确定自己出什么。可一定要想好，千万不要输给老师哦。

② 师生对垒。

老师喊"开始"——老师又出了"布"，你看看自己是什么？是输是赢还是和局？

③ 引导学生说一说自己的感受。

输的赢的学生都说一说。

3. 第三局。

① 引导猜测。

同学们，你们想一想，老师两次出了"布"，第三次又会出什么呢？是"剪刀"还是"石子"，这次还会出"布"吗？好好想一想。然后确定自己出什么，可一定要想好，这是最后一次机会，赢的不要骄傲，输的不要气馁，要保持良好的心态，大家千万不要输给老师哦。

同样叫输的赢的同学说一说。

② 师生对垒。

老师喊"开始"——老师再一次出了"布"，你看看自己是什么？是输是赢还是和局？

③ 引导学生说一说自己的感受。

输的同学说一说，赢的同学也说一说。

【设计目的：老师带有挑战性的语言，调动学生思考，让他们多多猜测，激荡学生情感的涟漪，为习作做准备】

三、练写：写出揣测心理

1. 引导学生习作，明确训练要求。

练写一局比赛，重点写出自己的揣测心理和比赛之后的感受。

2. 学生练写，教师巡视指导。

3. 引导学生交流点评。

4. 修改誊写。

【设计目的：明确要求练写揣测心理，不枝不蔓，一次练一样】

梯度之三：两我争斗写矛盾

教学时段：六年级上学期（第三单元课文学过之后）。

教学目标：通过阅读欣赏练习，激发兴趣；引导学生练习写作自己的矛盾心理。

教学难点：引导学生写矛盾心理。

教学过程：

一、故事导入，悟得"两我"

引导学生交流《西游记》中的《真假美猴王》。（观看《真假美猴王》的视频片段——如来佛说：人有二心……）

如来佛说的人有二心，其实就是我们每一个人都有的"两个我"：一个"善我"，一个"恶我"；一个"懒惰的我"，一个"勤劳的我"；一个"上进的我"，一个"无追求的我"……我们的"两个我"在不断争斗，特别是在犹豫不决或心理矛盾的时候。比如，冬天的早晨，睡在温暖的被窝里，你心里就有两个我在争吵，一个声音说："起床吧，不然要迟到了。"另一个声音则说："外面太冷了，再睡一会儿吧。"一个声音催促："还睡，你想迟到被老师责骂吗？"另一个声音说："再赖两分钟吧，不会迟到的。"……你们有这样的经历吗？

【设计目的："两个我"的理解对于小学生来说，确实有那么一点儿难度。教师通过两个手段来突破：一是《真假美猴王》故事很有情趣，激发学生兴趣，形象、生动，切入点很准，在视频中，在互相交流讨论中，通过思考，渐渐悟得；二是"赖床不起"的例子学生都经历过，教师的语言通俗易懂，学生理解起来也就不难了——理解自身的"两个我"，是训练学生写好矛盾心理的前提条件】

二、欣赏片段，悟得写法

1. 出示语段。

窗外的风景看不下去了。灵魂深处出现了两个声音，一个我说："这是司机的错，你应该去抄下他的工作证号码，投诉他！"另一个我说："可是，你每天都搭乘这辆车，如果司机报复，是很容易的哦！况且，那位老人与你没有任何关系，你太多管闲事了吧？"一个我又说："这是小事，但是没有人站出来指出他的错，那么他就认为没有错，以后他就会一直这样下去的。"对啊！就是因为没有人肯出来指出错误，社会上才依然存在不良现象，我明白了……

教师介绍这篇满分高考作文的主要内容："我"乘坐公交车上学，到一个站了，一位老婆婆举着乘车优惠的老人证从后门上车，司机叫她从前门上车，老婆婆下车的瞬间司机把前后门都关上，一溜烟把车开走了。那位老婆婆手里举着老人证，茫然地站着……

作文得满分的主要原因，就是心理描写很突出，很不一般。

2. 情景表演。

请两个善于表演的同学分别代表"一个我"和"另一个我"进行表演，表演之前，将自己的台词记熟。

表演之后大家点评，同时，同座之间也表演表演。

【设计目的：高考满分作文给学生的感触很大，学习其技法，自然情趣高涨。情境表演，自主阅读欣赏其中的语句，同时身历其境，印象深刻】

三、根据情境，练写矛盾心理

1. 练写一：明确要求练习写作。

① 明确练写要求。

《穷人》中的桑娜发现邻居西蒙死了，毫不犹豫地把西蒙的两个孩子抱回了家，而回家之后，内心很忐忑。课文对桑娜忐忑的心理描写很生动很精彩。

桑娜脸色苍白，神情激动。她忐忑不安地想："他会说什么呢？这是闹着玩的吗？自己的五个孩子已经够他受的了……是他来啦？……不，还没来！……为什么把他们抱过来啊？……他会揍我的！那也活该，我自作自受……嗯，揍我一顿也好！"

现在，我们来改变一下，根据桑娜忐忑的心理描写内容，采用"两个我"的写法，将这段话改写成矛盾的心理描写，可以采用第一人称的写法。矛盾的心理：抱来西蒙的孩子，应该、不应该。

② 学生练写。

③ 交流点评。

同学们比较一下，是你写的矛盾心理好，还是作家忐忑的心理描写精彩？我们这儿就是让你们根据具体的情境来练习写作，心理描写的形式多种多样，这里练写的目的有两点，一是让你们进一步体会桑娜在这样艰苦的条件下仍然要收养西蒙的孩子的那种善良心地；二是练习刚刚接触的矛盾心理写法。

2. 练写二：创设情境练习写作。

① 出示情境。

情境一：我站在门口望着突然而至的瓢泼大雨，要去找小 A 一起去小 B 家做作业吗？这可是我们约好的啊。

情境二：周末，爸爸妈妈都出去有事了，此时，精彩的电视开始了，爸妈要求完成的作业还没完成，我该怎么办？

② 学生选择一个情境（也可以自己创设一个情境）练写。

③ 交流点评。

④ 修改誊写。

【设计目的：改写桑娜的忐忑心理为矛盾心理，是充分利用课本资源的考虑。创设的两个情境应该是"生活化"的，同时学生可以创设情境来写，内容不限制。学生写起来应该是得心应手的】

梯度之四：故意刺激诉委屈

教学时段：六年级下学期。

教学目标：教师通过故意刺激学生，训练他们准确把握自我瞬间感触的能力，同时训练学生描写自己瞬间的心理感受。

教学难点：准确描写瞬间的委屈心理。

教学过程：

一、故意刺激，激起心理波浪

1. 逐个刺激，经受莫名的委屈。

"江磊，你第六单元预习了吗？"教师走进教室，突然问道，"身为班长，你居然摇头没预习？带头不及时完成老师布置的作业？"

"叶昌盛，你预习了吗？没有？你作为学习委员怎么也是这样子的？"

教师对语文课代表、各组组长、其他班干部等进行提问。

"没预习的站起来。为什么不预习？"

教师点几个胆小的学生回答。

2. 教师道歉。

师："哦，对不起，这是今晚的家庭作业，我弄错（颠倒）了。让你们受委屈了。"

【设计目的：文字，是心里流淌出来的音乐。要写出心里的歌唱，就必须先让心歌唱起来。莫名其妙地责怪学生，激起他们的内心波澜，就是让他们的心唱起歌来】

二、提笔练写，倾诉满心委屈

1. 教师激情点燃写作热情。

"老师昨天看书看得太迟了，今天路上又遇到不开心的事情，刚才进教室又接了一个要债的电话，所以来上课注意力没集中，还把怨气泼洒到你们身上，这是极不应该的，对不起！为了让我能记住这不该犯的错误，我必须写下检讨读给大家听。同时为了让我长久记住刚才让你们受委屈了，你们就把刚才老师的丑恶表现描述下来，更重要的是把你们的委屈心理充分描写出来。一看到你们的委屈，我的内心就会震动，就不会犯同样的错误了。"

2. 学生提笔写委屈。

"有委屈就要倾诉，下面就请你们把刚才老师委屈你们的情况真实描写下来。"

重点一：自己的内心。

重点二：教师的外表。

【设计目的：学生写老师总是有所顾忌的，往往不敢写。教师敞开心扉，坦诚相告，消除学生的戒备心理，而且教师要求自己写检讨，这就更促进学生去大胆倾诉自己的委屈】

三、点评习作，激励赞赏

1. 读出引以为豪的片段。

让学生读出自己认为写得理想的片段。

为了激发学生积极主动交流，教师读出自己现场写的冤枉学生之后的悔恨心理，让同学们交流点评。

2. 让学生读出自己感到不理想的段落，请求大家提出修改建议。

3. 修改作文，可以找伙伴帮忙。

4. 誊写作文。

【设计目的：学生往往不乐意读出自己真实描写的心理活动，特别是高年级学生。教师读出自己的描写片段，为学生开辟道路，促进他们积极主动交流；多赞赏多鼓励，激发自信心。而读出写得不理想的片段，就为他们互相讨论、互相提升提供了一个极好的平台】

梯度之五：直抒胸怀要细腻

教学时段： 三年级下学期第四单元《争吵》学过之后。

教学目标： 训练学生学会直接描写自己的心理活动，而且描写自己的心理活动要细腻。

教学难点： 细腻描写自己的心理活动。

教学过程：

一、对比阅读，体会细腻

出示对比阅读片段。

片段一：

那天，弟弟不知为何骂了我一句，我就重重地扇了他一个耳光。弟弟大哭起来，妈妈听见了，跑过来狠狠地教训了我一顿。我听了后，感到妈妈训斥得很有道理，我真难过，后悔极了，心想：真不应该打弟弟呀。

片段二：

那天，弟弟不知怎么骂了我一句，我不管三七二十一，就重重地扇了他一个耳光，他大哭起来。妈妈听见了，跑过来问道："怎么回事？干嘛欺负弟弟？"我辩解道："他骂我！"妈妈狠狠地教训我说："就算是他先骂你，你也不能打他——你是怎么当哥哥的？"妈妈说完就走了。看到弟弟被我打红的小脸蛋，我感到很愧疚。是的，我怎么能打弟弟呢？平时人们不是说"弟弟打哥哥，乐呵呵；哥哥打弟弟，没道理"吗？他比我小，不太懂事，我应该好好教导安慰他才是。想到这，我狠狠地拍了一下自己的脑门，嘴里嘟噜着："你怎么这么不开窍，白当哥哥了!"见弟弟还在抽泣，我连忙走过去，用手轻轻地擦干他眼角的泪水说："好弟弟，别哭了，哥哥再也不会打你了。"

对比思考：你喜欢哪一个片段，为什么?

【设计目的：对比，是极好的阅读方法，尤其对于小学生来说。前后两个片段的对比明显，心理描写的细腻程度给学生的感受是天壤之别的】

二、品读经典，领悟写法

出示片段，品读思考。

我觉得很不安，气也全消了。我很后悔，不该那样做。克莱谛是个好人，他绝对不会是故意的。我想起那次去他家玩，他帮助父母亲干活、服侍生病的母亲的情形。还有他来我家的时候，我们全家都诚心诚意地欢迎他，父亲又是那么喜欢他的种种情形来。啊，要是我没有骂他，没有做对不起他的事该有多好!我又记起父亲"应该知错认错"的话来。但是，要我向他承认错误，我觉得太丢脸。我用眼角偷偷地看他，见他上衣肩上的线缝都开了，大概是因为扛多了柴的缘故吧。想到这里，我觉得克莱谛很可爱，心里暗暗说"去向他认错吧"，可是"请原谅我"这几个字怎么也说不出来。

思考一：这一段全是"我"的心理活动，写得生动细腻。通过自己内心的直接描写，我们知道，此时的"我"是什么心情?想跟克莱谛打架吗?

思考二：这段心理描写写了哪些内容?（回忆、父亲的话、"我"认错却说不出口）

【设计目的：围绕心理描写，再次品读，再次思考，深度体会矛盾心理，仔细领悟描写方法】

三、转换角色，练写心理

1. 教师引导，转换角色。
① 引发讨论，体会克莱谛的心理。

师：同学们，这个时候，克莱谛心里怎么想的？想与"我"打架吗？他会想起一些什么？（相处的快乐、安利柯的长处）

② 转换角色，闭眼想象。

师：同学们，现在我们就来设想一下，我们都是克莱谛。当安利柯在想这些的时候，克莱谛是怎么想的呢？

2. 学生练写。

教师出示开头——我说完"我在外面等你"就马上后悔了……

教师提示：根据课文内容，写出克莱谛当时的心理活动，力求生动细腻。

3. 点评交流。

【设计目的：转换角色，有情趣；讨论心理活动内容，然后想象情境，就像放电影，展现影像，再动笔练写，化抽象为具体，由难而易，梯度上升】

四、创设情境，抒写心理

1. 出示情境。

情境一：你与好朋友或者父母争吵过吗？当时心里怎么想的？是委屈？是后悔？是伤心？是难受？是愤怒？请拿笔写下当时的心理感受。

情境二：你得到过老师的夸奖（批评）吗？当时心里是怎么想的？请想象一下当时的情景，把自己的心理活动描写下来，力求生动细腻。

2. 学生习作。

3. 交流、点评、修改、誊写。

【设计目的：学生掌握一种技巧不是那么容易的，更何况是高难度的"脑力体操"，必须反复训练。让学生练写生活中经历过的心理活动，是一次巩固，是再一次历练】

习作梯度训练之色彩教学

设计意图 ▶

我们生活在一个色彩缤纷的五彩世界，当然离不开色彩，可我们语文老师该如何引导学生来写好色彩呢？

根据孩子的心理特征，遵循习作规律，依据教材的编排，我们精心设计了色彩梯度训练："色彩画面"→"色彩童话"→"色彩说明"→"色彩诗歌"，给他们搭建一个个训练平台，让他们一步步登上练习阶梯，渐入色彩习作佳境。

梯度之一：依据情境描写色彩画面

教学时段：四年级上学期。

教学目标：1. 交流描写色彩的词语、诗句与语句，引导学生积累语言，丰富语言，养成积累语言的好习惯。

2. 通过阅读欣赏，激发兴趣，引导学生写出画面色彩美。

教学难点：写出画面色彩美。

教学过程：

一、交流色彩词语，丰富语言积累

师：我们的世界色彩斑斓，表示色彩的词语更是丰富多彩，你能写出

表示色彩的词语吗？（生写词语并交流）

> **按要求写词语**（越多越好）
> 描写颜色的二字词语：
> 描写颜色的四字词语：
> 描写颜色的ABB式词语：
> 描写同一种颜色却程度不同的词语：

二、欣赏描写色彩的句子，感受色彩美

1. 欣赏诗句，体会色彩美。

师：有许多描写色彩的古诗句，同学们也搜集了许多，下面，我们来交流这种古诗句。

> **白毛浮绿水，红掌拨清波。**

师：根据这句诗，我们想象：鹅一身雪白，在碧绿的水面上游动，红红的掌蹼轻轻地划出清凌凌的水波，这是多么美的画面！再看杜甫的诗句。

> **两个黄鹂鸣翠柳，一行白鹭上青天。**

师：想象一下，黄鹂在翠绿的柳树上鸣叫着，一行白鹭在蓝天上飞，这画面美吗？类似这样有色彩描写的诗句还有很多，大家交流交流吧。（生读诗句交流）

2. 欣赏语句，感受精彩。

师：古诗句因色彩而美妙，文章会因色彩描写而精彩。

> 秋天的山不再是一种颜色了。下过一场秋霜，有的树林变成了金黄色，好像所有的阳光都集中到那儿去了；有的树林变成了杏黄色，远远望去，就像枝头挂满了熟透的杏和梨；有的树林变成了火红色，风一吹，树林跳起舞来，就像一簇簇火苗在跳跃；还有的树林变得紫红紫红，跟剧场里紫绒幕布的颜色一样。只有松柏不怕秋霜，针一样的叶子还是那么翠绿。

师：画出表示色彩的词语，边读边想象，这段话描绘的是一幅怎样的画面？美吗？这色彩美是怎么描写出来的？（生交流）

师：选用恰当的色彩词语，并采用比喻、比较等手法，将秋天的山描

写得色彩艳丽、形象生动。我们也来写下这种美的画面，同学们有兴趣吗？

三、练写色彩，写出画面的色彩美

1. 欣赏片段并仿写。

> 秋天到,秋天到,园里蔬菜长得好,冬瓜披白纱,茄子穿紫袍,白菜一片绿油油,又青又红是辣椒
> ……

师：这段话用了哪些色彩词语？描绘了一幅什么图画？你能仿写一段话吗？老师开个头吧：秋天到，秋天到，果园水果长得好……或者写春天到了，花园里的花竞相开放……接着写下去吧。

（生写，教师巡视，交流点评）

2. 出示图画写景色。

师：仔细观察图画，有哪些景物？天空、云朵、河水、白鹅、草儿、野花、桃花、远山……是什么颜色？可以用哪些词语或语句来描绘？（生交流）

师：要描绘这画面的景色，该按什么顺序呢？（生交流）

师：我们拿起我们的生花妙笔，把这幅色彩明丽的春景图描绘下来吧！如果你对自己的风景画更感兴趣，就写自己的画吧！

生写，教师巡视指导，交流点评，修改誊写。

梯度之二：放飞想象编写色彩童话

教学时段：四年级下学期。

教学目标：1. 聊一聊色彩，明白不同色彩代表的不同意义。

2. 根据色彩代表的不同意义，编写童话，培养想象力，激发习作兴趣，提升写作水平。

教学难点：放飞想象编写色彩童话。

教学过程：

一、听音频，激发兴趣

师：同学们，颜色是有生命的。不信？请听——

音频一：Hello，我是白娃娃，雪白雪白的，瞧，那飘动的雪花，就是我在舞蹈；那跳跃的浪花，就是我在欢笑……

音频二：嘿，我是紫妹妹，"万紫千红总是春"中的"紫"，有人认为我优雅，有人认为我有魅力，有人认为我高傲，我真自豪！瞧，我悄悄地爬上了牵牛花，吹起了小喇叭……

音频三：大家好，我是黑大叔，有人认为我脏啊、恐怖啊，可是，嗨，不要认为我不好，瞧，正是由于我——黑黑的夜，你们才能安然进入甜甜的梦乡；再瞧那红红的火焰，是我——黑黑的煤炭燃烧的呀……

二、聊一聊色彩，知晓色彩代表的意义

师：白娃娃、紫妹妹和黑大叔是不是很有趣？其实，每种颜色代表着不同的意义，你们知道它们各代表着什么吗？比如红色代表什么？黄色、蓝色、绿色代表什么？（生交流）

师边小结边出示——

> **红色代表：**热情、活力（太阳、火、血等）
> **橙色代表：**华丽、兴奋（灯光、橘子等）
> **黄色代表：**愉快、高贵（柿子、金子等）
> **绿色代表：**新鲜、和平（树叶等）

青色代表：希望、坚强（竹子、草等）
蓝色代表：深远、诚实（海洋、天空等）
紫色代表：优雅、魅力（紫罗兰、牵牛花等）
白色代表：纯净、圣洁（雪、石灰等）
黑色代表：严肃、神秘（黑板、泥土等）

师：同学们，你们能仿照音频那样介绍喜欢的一种颜色吗？（生交流）

三、自由组合小组，构筑色彩童话

师：每个人都有自己喜欢的颜色，我们根据颜色不同，4~5个人组成小组。（生组合小组）

师：你们组内四五个不同的颜色就是四五个童话人物，不同的色彩，比如可爱的白娃娃、热情的红姐姐、调皮的橙弟弟和沉默的灰大叔聚在一起，会有什么矛盾冲突？会怎么争吵？结局又会怎样？这就是童话情节。下面你们就互相讨论，共同编写童话。

学生合作编童话。

四、演一演，丰富童话内容

师：我们到操场上去演一演自己编的童话，好吗？

学生来到操场，以小组为单位演童话。

师：在表演的过程中，我们是不是想更改一些情节，或者添加一些内容？当然，小组之间也可以互相提建议，看谁能提出金子般的点子，使童话锦上添花！

学生再次讨论，删改情节，表演故事。

五、想一想，理清童话情节

师：同学们，我们来"放电影"，请闭上双眼，将刚才演的童话按顺序在眼前"放映"出来：童话发生在什么时间？什么地点？起因、经过、结果怎样？故事人物怎么说、怎么做？将每个场景一一"放映"。（生"放映电影"）

六、写一写，精彩童话故事

师：当然，童话人物应该有一个好听的名字，读起来有情趣，比如绿色仙子、绿娃娃、绿大叔、绿大姐、绿小弟等都行。童话人物的称呼，要根据童话的内容来确定。更重要的是，我们要把童话人物说的、做的、想的都写出来，把事情发生的场景充分描绘出来，这样，你的童话就有人喜欢看。你们有信心把刚才演之后在眼前"放映"的童话写出来吗？

学生写，教师巡视指导，交流点评，修改誊写。

梯度之三：查找资料书写色彩说明

教学时段：五年级上学期。

教学目标：引导学生围绕色彩查找资料，培养学生查找资料、运用材料的能力；同时引导学生根据材料列提纲写色彩说明文，提升习作能力。

教学难点：选用材料写色彩说明文。

教学过程：

一、听音频《花为啥有各种颜色》，激发兴趣

师：同学们，花为什么有各种不同的颜色？你知道吗？请听——
师播放音频《花为啥有各种颜色》，学生听。

二、交流搜集材料，知晓色彩有关知识

师：听了音频，你们知道花为啥有各种颜色了。对于色彩，我们课外搜集了许多知识，下面我们就来互相交流。同学们，交流时一定要认真倾听，别人说的内容，等会儿也许就会用到。

教师——引导学生交流：色彩的种类、分类，色彩的深浅，色彩与光，三原色与颜色的调配，色彩的搭配与色彩美，色彩的功能等。

三、选择材料，列写提纲

师：我们交流了色彩的许多知识，你对哪些知识特别感兴趣？这些知识你清楚吗？不清楚的可以请教别人。（生互相请教交流）

师：色彩的知识很丰富，如果你要介绍些色彩知识给弟弟妹妹或者爸

爸妈妈听，你又会选取哪些呢？（生交流）

> **《鲸》写作提纲**
> 一、鲸特别大。
> 二、鲸是哺乳动物，不是鱼。
> 三、鲸的种类：须鲸和齿鲸。
> 四、介绍鲸的生活习性
>   1.鲸怎样进食？
>   2.鲸用什么呼吸？怎么呼吸？
>   3.鲸如何睡觉？
>   4.鲸的生长特点。

师：我们按照《鲸》的写作提纲，列写作文《色彩》的写作提纲，这很简单，就是把对色彩感兴趣的内容一一列出来，注意顺序。（生列提纲）

四、围绕内容，交流色彩说明方法

师：这次说明文，一定会用到说明方法，我们来交流一下说明方法有哪些。（生交流）

师：有列数字、举例子、做比较、打比方、下定义、分类别等说明方法。再看看提纲，哪些内容可以用到这些方法？互相说一说。（生交流）

五、根据提纲，逐一练写色彩知识

师：同学们，天下文章一大抄，关键看你会不会抄。这次说明文，搜集的材料和交流的内容都可以"借来"用，老师提醒大家的就是要将这些内容，按照提纲，采用适当的说明方法有顺序地写下来，就算大功告成了。接下来我们就按照提纲写色彩说明文吧。

学生写色彩说明文，教师巡视指导，交流点评，修改誊写。

梯度之四：一咏三叹抒写色彩诗歌

教学时段：六年级。

教学目标：品读古诗词，感受色彩美；展开想象，用诗歌描绘色彩斑斓的美丽景象和内心情感。

教学难点：用色彩诗歌来描绘色彩美，抒发内心情感。

教学过程：

一、复习导入，明确学习目标

师：我们练写了色彩童话和色彩说明文，感受到色彩美的同时，对色彩的种类、搭配以及功能等有了更多的认识。今天我们通过欣赏古诗词中色彩的描写，进一步走进色彩，练写"色彩诗歌"。

二、欣赏古诗词，感受色彩美

师：首先我们展示搜集的有关色彩的古诗句。（生展示）
师：选一句你最喜欢的古诗句，小组内交流，谈谈古诗句是怎么描写色彩的、这样描写达到了一种什么效果。（小组内交流）
师：老师也搜集了一些古诗句，老师出示一句，大家交流一句。

> 白毛浮绿水，红掌拨清波。
> 白日依山尽，黄河入海流。
> 清浅白石滩，绿蒲向堪把。
> 两个黄鹂鸣翠柳，一行白鹭上青天。
> 接天莲叶无穷碧，映日荷花别样红。
> 日出江花红胜火，春来江水绿如蓝。

老师逐一出示古诗句，引导学生品读、交流、欣赏。
师：我们中华人民共和国的缔造者之一毛泽东主席曾有一句词，用了七种颜色：赤橙黄绿青蓝紫，谁持彩练当空舞？把七色彩虹比作彩练在空中挥舞，多么有气势，多么令人遐想！今天，我们也来用色彩诗句抒发情感。

三、练写色彩诗句，抒发情感

1. 欣赏《春风的色彩》并仿写。
师：同学们，春风是什么色彩？请欣赏诗歌。
师：春风是红色的、绿色的、黄色的、白色的，是彩色的。你们想一想：夏天的风、秋天的风、冬天的风又是什么颜色呢？请仿照《春风的色彩》写一首小诗吧。
学生仿写诗，教师巡视指导，并组织交流点评。

春风的色彩

春风是红色的，　　蒲公英也黄了。
春风一吹，
桃花红了，　　　　春风是白色的，
杜鹃花也红了。　　春风一吹，
　　　　　　　　　梨花白了，
春风是绿色的，　　杏花也白了。
春风一吹，
小草绿了，　　　　春风是彩色的，
大树也绿了。　　　春风一吹，
　　　　　　　　　大地变得万紫千红了。
春风是黄色的，
春风一吹，　　　　这个春天，
油菜花黄了，　　　真美丽。

2. 展开想象完成诗歌《童年的色彩》。

师：孩子们，我们拥有了快乐幸福的童年，童年是什么色彩的？（生交流）

师：哈，童年是丰富多彩的，根据开头完成小诗《童年的色彩》。

童年的色彩
童年是金灿灿的
它写满了金色的梦想

童年是_____

_____

童年是_____

_____

童年是_____

_____

生填写诗歌，教师指导，点评。

3. 展开想象自由书写色彩小诗。

师：其实，我们的情感会影响到眼前景物的色彩，比如伤心失望时，眼前再明艳的景物也都会是灰沉沉的；兴奋时，眼前灰暗的景物都会鲜亮活泼起来，不是吗？我们在色彩童话中知道不同的颜色有不同的象征意义，红色象征着热情、活力和希望，绿色象征着新鲜、友好与和平，黑色象征着严肃、神秘和恐怖，灰色象征着忧郁、痛苦与失望，白色象征着纯真、善良与圣洁，黄色象征着愉快和高贵，橙色象征着华丽和兴奋……生活中许多看不见摸不着的东西可以用色彩诗意表达出来，不信，请看——

> 蓝色的包容
> 有一种包容是蓝色
> 天空深邃高远却湛蓝无尘
> 白云悠闲地漫着步
> 星星随意眨巴着眼
> 鸟雀自由飞翔
>
> 有一种包容是蓝色
> 大海广阔无垠却碧蓝如洗
> 江河溪流追随而至
> 游船舰艇随意出入
> 鱼虾快乐游玩

师：小作者采用什么方法写出了"蓝色的包容"？（生交流）

师：包容是看不见摸不着很抽象的，小作者展开想象，选用蓝色代表性的天空和海洋（让包容似乎可触可摸、可见可听），再写出天空和大海"高远深邃"和"广阔无垠"的包容。同学们，我们学学小作者，选取一种看不见摸不着的感受，比如"梦想""幸福""自由""痛苦""希望"等，展开想象，写一首小诗。

学生写诗，教师巡视指导，并点评修改。

>>> 习作梯度训练之声音教学

设 计 意 图 ▮▮▶

听觉表达远不如视觉表达容易，对于小学生来说，写声音就显得尤为困难。但语文老师不能忽视学生的听觉表达，该如何巧妙引导呢？我们根据孩子的心理特征，结合语文教材，精心设计了声音习作梯度训练："声声蕴美"→"声声传情"→"声声藏事"→"声声含诗"，搭建一个个训练平台，让他们一步步登上习作阶梯，渐入声音表达佳境。

梯度之一：声声之中蕴含美

教学时段：四年级上学期。

教学目标：1. 引导学生认识象声词及其表达的美妙。

2. 在习作中能灵活运用象声词，力求描写生动优美。

教学难点：写出音韵美。

教学过程：

一、播放音频导入，激发兴趣

师：听——这是什么声音？

播放音频："呼呼"风声，"哗哗"流水声，"哒哒"马蹄声，"咩咩"羊叫声，"嘻嘻"孩子笑声。（生猜声音）

二、品读听声，认识象声词，领受其美妙

1. 读词语，认识象声词。

师出示：喵喵、呱呱、咔嚓、轰隆、咯咯哒、哗啦啦、噼噼啪啪、布谷、叽叽喳喳等。

师：同学们，读读这些词，边读边听边想，读时你听到的是什么声音？（生交流）

师：刚才我们读的都是模拟声音的词，比如喵喵，猫叫声；咯咯哒，母鸡下蛋后的叫声；噼噼啪啪，放鞭炮的声音；布谷，布谷鸟的叫声；咣当，关门声；等等。这些词语，我们叫作象声词。同学们，你们还能说出哪些象声词？（生交流）

2. 读句子，感受象声词的美妙。

句子一：叮咚，叮咚，是谁在山上弹琴？哦，原来是一股清泉从石缝里冲出来，来到这阳光灿烂的世界。

句子二：小燕子叽叽喳喳地叫着。

句子三：春雨，像春姑娘纺出的线，轻轻地落到地上，沙沙沙，沙沙沙……

师：读读句子，注意读出象声词的节奏；然后把象声词去掉，再读读，比较一下，有什么区别？（生比较读，交流）

师：是啊，去掉象声词，就感受不到泉水叮咚的声响、燕子叽叽喳喳的叫声和沙沙沙的雨声。有了象声词，就如闻其声，感到很美很美。

三、创设情境，梯度练写

师：象声词能让人如闻其声，我们就来练写含有象声词的语句吧。

1. 练写一：自由仿写句子。

师再次出示前面的句子。

师：你们能像这些句子一样，用上象声词写句子吗？（生写，师巡视指导）

师：把写的句子读出来，大家欣赏欣赏。（生交流）

师：能用上两三个象声词写几句话吗？（生写，交流，点评）

2. 练写二：根据语境填象声词。

> 春雨踏着轻盈的脚步，哼着欢快的乐曲"（　　），（　　）"飘来，燕子"（　　）"欢叫着从南方飞回来，冰雪融化了，小溪奏起"（　　），（　　）"的音符，一阵风拂过，柳条发出了"（　　）"的脆响，花儿忍不住争相开放，辛勤的蜜蜂，"（　　）"，一会儿飞到这朵花上，一会儿又落到那朵花上……

生写，师巡视指导，点评。

师：填上象声词，读读这段话，闭上眼睛，眼前闪现的是什么情景？（生交流）

3. 练写三：创设情境写片段。

① 创设情境。

师：同学们，你们去过森林吗？森林是静谧的，静谧的森林也有优美的声音，那一声声的鸟叫、时断时续的虫鸣，还有你踩在叶子上的声响……请展开想象，用上象声词把走进森林听到的声音一一写下来。当然，你也可以写其他的情景，比如夏夜月光下小河边的情景、田野里蛙鸣的情景等，注意一定要用上象声词，写出当时的情景。

② 生写，教师巡视指导。

③ 交流点评。

师：写好了就读出来交流，看看是否用上了象声词，这些象声词能否把当时的情景展现出来？（生交流点评）

④ 修改誊写。

梯度之二：声声之中传有情

教学时段：五年级下学期。

教学目标：通过学习明白声音中蕴藏着情感，懂得通过描写声音来表达情感。

教学难点：满怀情感写声音。

教学过程：

一、播放《声音的世界》视频导入，激发兴趣

师：小雨弹琴淅淅沥沥，小鸟唱歌叽叽叽叽，春雷打鼓轰隆轰隆，喇叭喝彩嘀嘀嘀嘀，声音的世界真的奇妙！同学们知道吗？声音还能传达情感！不信？你听——

教师播放歌曲视频，学生听。

二、倾听音频，领受声音中的情感

师播放音频。（乌鸦、喜鹊和画眉鸟的叫声，不同的笑声）

师：同样是鸟叫声，乌鸦、喜鹊和画眉鸟的叫声，你听了感觉到会是同种心情吗？同样是笑声，哈哈、嘿嘿与哼哼传达的会是同样的情感吗？（生交流）

师播放音频。（溪水声、风声、狗叫声）

师：再听声音，你能从声音中感受到情感吗？（生听声音交流）

三、品读声音描写片段，体会蕴涵情感

1. 品读语句。

> 片段一：
> 秋天到了，纺织娘寄住在他们屋前的瓜架上。月明人静的夜里，它们便唱起歌来："织，织，织，织呀！织，织，织，织呀！"那歌声真好听，赛过催眠曲，让那些辛苦一天的人们，甜甜蜜蜜地进入梦乡。

师：织，织，织，织呀！纺织娘的叫声在作者的笔下成了什么？可见作者是带着什么心情来写叫声的？（生交流）

> 片段二：
> 朱丹伫立雪中，小心地从绒套中取出木笛吹奏起来。笛声悲凉凄切，犹如脉管滴血。寒冷凝冻着这声音，火焰温暖着这声音。坠落的雪片纷纷扬起，托着笛声在天地间翩然回旋。
> 孩子们在静静地倾听，他们似乎听懂了这如泣如诉的笛声。

师：笛声"悲凉凄切，犹如脉管滴血""如泣如诉"，这笛声又表达了作者什么感情？（生交流）

2. 体会写法。

师：刚才体会了声音描写之中蕴藏着的情感，我们再来看看，这种情感是采用什么方法描写出来的？（生交流）

师：将自己的情感融入声音之中，或比喻或拟人，或渲染周围环境或直接表达感情，都可以。下面我们也采用这种方法来写写这种融入情感的声音。

四、满怀深情练写心中之声

1. 练写一：创设情境写春雨。

师：哗哗哗的溪水声，不同时候会是不同的声音，高兴时就是哼着的小曲儿，激动时就是哈哈哈的笑声，得意时就是热烈的掌声，委屈时就是伤心的哭诉……同学们，下面我们就满怀情感来写声音。

师：面对淅淅沥沥的春雨，你会想到种子萌发、叶芽爆绿、笋儿钻出来……这雨声会是什么？请用一小段话写出你心中的春雨声吧。（生写，交流点评）

师：听到淅淅沥沥的雨声，想到妈妈喋喋不休的唠叨，或者想回家却没雨具……这雨声又会是什么？请再一次写出你心中的春雨之声。（生写，交流点评）

2. 练写二：满怀深情写丰收。

① 创设情境。

师：同学们，我们见过田野里农民丰收的景象，那里有隆隆的机器声、农民的谈笑声、微风拂过树叶的轻响、鸟儿的欢唱、青蛙的呱呱呱、河水的哗啦啦……请拿起你们的笔，写出田野丰收的大合唱吧。

② 学生练写，教师巡视指导。

③ 交流点评。

点评重点：田野的声音是否能抒发丰收的喜悦之情？

④ 修改誊写。

梯度之三：声声之中藏有事

教学时段：六年级上学期第一单元习作之后。

教学目标：创设声音情境展开想象，根据声音编写故事，训练想象力和表达能力。

教学难点：根据音频展开想象编写故事。

教学过程：

一、复习导入，激发兴趣

师：我们练习了"声声蕴美"和"声声传情"，知道声音很美妙，声音能传达情感。同学们，声音中藏着故事呢！不信？请侧耳细听。

二、倾听音频，细说其中藏着的故事

1. 播放掌声音频说故事。

师：听出来了吗？是什么声音？对，是掌声，这掌声藏着一个小故事，谁说一说，为谁鼓掌？为什么给他鼓掌？（生交流说故事）

师：哈，单单的掌声就说出这么多不同的故事！请再听。

2. 听猫叫声和盘子破碎声音频，说故事。

师：听出是什么声音了吗？嗯，是猫叫声和盘子打碎的声音，这两个声音又藏着什么故事呢？（生交流说故事）

3. 小结方法。

师：根据音频说故事，有什么秘诀吗？（生交流）

师：为什么会有这声音？在什么情况下传出声音？这声音会引发哪些事情？这些声音会有什么联系……这么一思考，就能想象出很有情趣的故事了。

三、根据象声词，展开想象编写故事

1. 出示象声词，引导想象。

① 嘀嘀（拨打电话声）、呦呦（火车开动声）、汪汪（狗叫声）、嘻嘻

（孩子笑声）、曲曲（蟋蟀叫声）。

② 知了知了（知了鸣叫声）、哞哞哞（水牛叫声）、哗啦哗啦（孩子戏水声）、咚咚（急促脚步声）、哇哇哇（孩子哭声）。

师：以上两组声音，你能选一组编出故事吗？老师提醒一下，先想一想每一种声音是在什么情况下产生的，然后根据声音的关联来想象。（引导交流）

2. 学生习作，教师巡视指导。

师：刚才我们都张开了想象的翅膀，根据声音交流了故事，下面就请拿起笔，将故事写下来。

3. 交流，修改，誊写。

梯度之四：声声之中含有诗

教学时段：六年级。

教学目标：创设情境，感受声音的美妙与诗意，创写"声音诗歌"。

教学难点：根据声音展开想象，创写儿童诗。

教学过程：

一、播放《花开的声音》音频，激发兴趣

师：花开的声音，听见过吗？请闭上眼睛，听一首歌曲。

师播放音频《花开的声音》，学生听。

二、品读歌词，体会声音的诗意写法

> 花开的声音，哦，很小很小；
> 在睡梦里，才能听到；
> 如春雨沙沙歌唱，像阳光哑哑照耀，
> 如彩虹五颜六色，像娃娃咯咯欢笑；
> 花开的声音，哦，很小很小；
> 花开的声音，真好真好。

师：多美妙的歌声，花开的声音，听得见吗？作者是怎么描写出来

的？找出来读读。（生品读，交流写法）

> 大弦嘈嘈如急雨，小弦切切如私语。
> 嘈嘈切切错杂弹，大珠小珠落玉盘。

师：这是唐代大诗人白居易在《琵琶行》里描写弹琵琶声音的诗句，读一读，想一想，描写声音的方法跟《花开的声音》的歌词有什么异同？（生交流）

师：看来，要想把声音写得富有诗意，给人以美感，必须展开想象，采用比喻、拟人等方法来写。我们也来写一写，大家敢接受挑战吗？

三、进行挑战，诗意描写声音

1. 挑战一：仿写诗意声音。

① 出示课文《听听，秋的声音》。

> 听听，秋的声音，
> 大树抖抖手臂，
> "刷刷"，
> 是黄叶道别的话音。
>
> 听听，秋的声音，
> 蟋蟀振动翅膀，
> "㘗㘗"，
> 是和阳台告别的歌韵。

② 引导仿写。

师：秋的声音很美妙，听听，"刷刷"，黄叶道别的话音；听听，"㘗㘗"，蟋蟀和阳台告别的歌韵……听听，秋的声音还有许多，你能根据这种写法仿写一节吗？（生仿写交流）

师：这是秋的声音，其实，春夏秋冬四季的声音都很美妙，我们仿照《听听，秋的声音》来写一写"春的声音""夏的声音""冬的声音"。想一想，除了秋，你最喜欢哪个季节的哪些声音？（生交流）

师：写之前，老师温馨提示，一是注意声音词语的变化，黄叶道别的是"话音"，蟋蟀告别的是"歌韵"，大雁撒下的是"叮咛"，秋风送来的是"歌吟"，这些词语都是声音但不重复；二是注意用上诗意写法，采用拟人、比喻等修辞手法。

③ 学生仿写，教师巡视指导。

④ 交流点评。

2. 挑战二：欣赏《爸爸的鼾声》，展开想象写诗。

① 欣赏《爸爸的鼾声》，体会诗歌的美妙。

师播放鼾声音频。

师：猜一猜，这是什么声音？好听吗？

> 爸爸的鼾声
> 就像是山上的小火车
> 它使我想起
> 美丽的森林
> 爸爸的鼾声
> 总是断断续续的
> 使我担心火车会出了轨
> 咦
> 爸爸的鼾声停了
> 是不是火车到站了

师：请欣赏这首小诗《爸爸的鼾声》，谈谈你读过之后的感受。（生交流）

师：鼾声似乎不那么动听，可小诗《爸爸的鼾声》却很美，为什么？再读读想想，作者把鼾声想象成什么？诗人采用了什么方法描绘得这么美妙？（生交流）

师：同学们，什么声音引发你的想象？你能模仿《爸爸的鼾声》，用一首小诗描绘出来吗？（生交流）

师：同学们交流了诗一般美妙的声音，就请你们采用拟人、比喻等修辞手法，将这声音美化成一首小诗吧。

② 学生想象练写，教师巡视指导。

③ 交流点评，修改誊写。

四、激情总结，课后延伸

再次轻声播放音频《花开的声音》。

师：花开的声音真的很小很小，只有在睡梦里才能听到。只能在睡梦中听到的声音不仅仅有花开的声音，还有很多很多，只要你用心就能听到，比如暖暖的阳光声、柔柔的月光声、嫩芽的爆出声，甚至妈妈皱纹展动的声音……同学们，让我们用心倾听富有诗意的声音，用笔描写下来，这是多么美妙的事情！

教学叙事

>>> 起步童话情趣多

——三年级孩子梯度练写童话的故事

刚接触习作的三年级孩子想象力丰富，特别喜爱童话，语文老师该如何激发孩子的想象能力，触发他们内心涌动的神奇迷人的童话？我们依据教材，变换形式，巧妙设计，梯度训练，让他们构想童话，编演童话，与童话情趣相融，逐步走上编写童话之路。

依文编写 "花钟童话"

"同学们，喜欢看童话吗?"

"这还用说，都喜欢。"

"光看别人写童话，我们也来写童话，好吗?"

"写童话?"他们的嘴巴张得可以吞进大鸡蛋。

"这有何难? 我教你们，就是小菜一碟。"我说着，出示刚刚学过的课文《花钟》的开头——鲜花朵朵，争奇斗艳，芬芳迷人。要是我们留心观察，就会发现，一天之内，不同的花开放的时间是不同的。凌晨四点，牵牛花吹起了紫色的小喇叭；五点左右，艳丽的蔷薇绽开了笑脸；七点，睡莲从梦中醒来；中午十二点左右，午时花开放了；下午三点，万寿菊欣然怒放；傍晚六点，烟草花在暮色中苏醒；月光花在七点左右舒展开自己的花瓣；夜来香在晚上八点开花；昙花却在九点左右含笑一现……

"你们还知道哪些花在什么时间开放?"

他们很清楚：龙葵花 6 点左右醒来，芍药花 7 点开放，半枝莲 10 点怒放，草茉莉下午 5 点舒展花瓣……

"有这么一个小孩，是花钟的小主人，总是忘记时间，上学常迟到，不知道回家吃饭，常常被父母和老师责怪。如果你是花钟里的花儿，会怎么做？"

机灵的叶淑婷做出开花的样子，笑着说："我吹起喇叭喊他。"

张锦国听了就说："花怎么能喊呢？"

王思晴抢着回答："是童话，童话，懂吗？"

我接着王思晴的话说："对，我们编写童话，什么花啊、树啊、石头啊、河水啊等，都跟人一样，可以笑可以哭，可以喊可以叫。大家想一想，花钟里哪些花可以定时提醒他？又会怎么提醒他？"

他们七嘴八舌：龙葵花 6 点喊他起床，睡莲 7 点催他上学，午时花 12 点叫他吃午饭，烟草花叫他别贪玩回家吃晚饭……

何不让他们演一演呢？我笑了笑："你们小组合作，一人是花钟小主人，其他人都是花钟里的花儿，花儿怎么提醒主人？先小组内演一演吧。"

教室里热闹了。"小强，该上学去喽！快，我脸都喊红喽。""主人，还不快睡觉，明天要爬不起床啦。""嘿，吃饭喽，不要玩了！""不要看电视啦！快去做作业！"……

我选了两组到讲台上演了演，笑声一片。

"花儿提醒小主人，小主人还会耽误时间吗？"

杨湘玮肯定地说："他不再耽误时间了，进步很大，还受到老师表扬呢。"

"这可以说是童话的结尾了。那么，这童话开头该怎么说呢？"我启发道。

杜昕妍眨巴眼睛，说："开头要说花钟主人不知道时间，常迟到，老被老师责骂。"

潘秋娟补充说："要讲清楚花钟主人叫什么。他被责骂，却不知道怎么办才好。"

"头开好了，"我得鼓励他们，"重点内容就是花钟里的花儿想办法帮助他，这内容我们刚才演过了，要按时间顺序多写花儿提醒的经过。同学们会写吗？"

"老师，可以写星期六星期天花儿怎么提醒吗？"王尘莹突然问道。

"你想得真好!"我向她竖起大拇指。

"写童话这么简单啊!"他们嘀咕着,拿起笔,都沙沙沙写了起来。

月亮做客大海的童话

"花钟童话",我都评了90分以上,他们很高兴,常来问什么时候写童话。我乘热打铁,投影让他们欣赏了大海美丽的照片:"同学们,大海广阔无边,很神奇很迷人,你想到大海去游玩吗?"

"想!"回答响亮整齐。

"瞧,月亮去大海做客了。"我放慢语速,"同学们,请闭上眼睛想象一幅幅画面:月亮怎么去大海做客?大海怎么迎接她、招待她?又带她游玩了哪些迷人的地方?天要亮了,月亮怎么回去?"

他们闭眼想象,有的还不时露出微笑。我很高兴,就说:"请把你们眼前闪现的情景说出来吧。"

张锦国第一个站起来说:"'哗啦啦''哗啦啦',波光粼粼的大海唱起了欢快的歌,突然,珊瑚村村长乌龟爷爷的家响起了一阵清脆的敲门声:'咚咚——咚咚——'乌龟爷爷轻轻地问:'是谁啊?''我是月亮啊,我想来你们大海做客,欢迎吗?'"

多美的想象,还没等我开口,杜昕妍就抢着说:"你这是开头,我说迎接的情景:门一打开,月亮姐姐走了进来,五颜六色的彩带从空中飘落下来。紧接着,美人鱼姐姐唱起了美妙的歌,水母妹妹伴舞,龙虾、螃蟹、海娃在一旁伴奏。发光鱼弟弟围成一个大大的'心',发出彩色的光芒。"

这迎接,多新鲜!又有人抢先了——"太美了,特别是发光鱼弟弟围成的'心'字,这迎接的情景估计独一无二。"王思晴带头鼓掌。掌声还没有停,王思晴就接着说,"我想象的是告别的情景:突然,从岸边传来了几声鸡鸣:'咯咯——咯咯——'月亮姐姐要回去了。此时,星星车夫驾着云朵车,准时来接月亮姐姐了。月亮姐姐坐上了云朵车。'再见,月亮姐姐,欢迎你下次再来。''谢谢你们,希望你们到我们月宫去做客。'车子缓缓移动,渐渐消失在鱼肚白的天空。"

又是一片掌声。

"嘿，云朵车，王思晴想得真奇妙，我想象的是带月亮游玩的情景，"王宁笑着说，"他们来到了音乐林，树林茂盛，枝繁叶茂，树上的每一片叶子就是一个音符，在不停地闪动着。不时有树叶落下来，每一片树叶落地，就响起一首乐曲，乐曲悠扬动听，很是迷人。"

掌声响起，还有许多竖起的大拇指！

"音乐林很美妙！我想象的是草帽谷，也不赖。"姚寒枫说，"穿过长长的石洞，他们来到了草帽谷，草帽谷真像一顶草帽，泛着幽幽的蓝光，十分美丽。月亮跑进草帽谷，谷中漂着一颗颗宝石，像顽皮的小星星，有的跳到她的头上，有的蹦到她的手上……"

掌声再次响起。方杰有些迫不及待地说："我想象他们谈话的情景。月亮也告诉他们：'天上可有趣啦，彩虹姐姐教我们做彩虹花环，云朵妹妹教我们做棉花糖，太阳哥哥教我们烤圆饼……'"

…… ……

不得不佩服孩子的想象力！等他们说够了，我鼓着掌说："你们太棒了，想象的情景太迷人了，写下来是多么奇妙的童话！下面就按照迎接、招待、游玩、离别等镜头来想象编写，重点写两三个镜头。你们能写好这个童话吗？"

"能！"回答响亮，充满自信。随即就是沙沙沙的写字声……

说说演演动物童话

这次编写《月亮到大海来做客》的童话，我不仅仅让他们回家把童话说给家长听，告诉家长自己得了高分；把童话发到班级主页上，让大家点赞；还让他们把一些童话摘抄下来，张贴起来，让大家欣赏。他们情趣高涨。忙完这些，正好上到第七单元的习作：根据一组动物编写童话。

编写这个童话，我做了两个准备：一是让他们准备一个喜欢的动物头饰；二是通过分析刚刚学过的两篇童话《陶罐和铁罐》《狮子和鹿》，让他们明白编写童话的必备因素：人物和情节。

同学们拿着动物头饰，都很高兴。我微笑着说："我们戴上动物头饰，同桌互相说说自己喜爱的动物的喜好和特点，说说喜欢的原因。"

"我是小白兔，全身雪白……""我是小猴子，我很机灵……""我是大公鸡，人们都说我不会生蛋……"他们说得不亦乐乎，有的还边说边演。

"同学们，为了共同编写动物童话，我们4~5个人为一个小组，自由组合，组内最好是不同种动物，这样好编写童话。"我的话刚说完，他们纷纷组合。

分好了小组，就得共同讨论编写了："刚刚我们知道编写童话必备的要素是童话人物和童话情节。我们组内的动物就是童话人物。我们不同的动物聚在一起，会遇到问题吗？会争吵吗？问题又怎么解决呢？这就是童话的情节。我们互相讨论，共同编写童话。"

他们纷纷议论起来。

不一会儿，吴方翔报告：他那一组的斑马叶钢最好跟汪群蕾那一组的袋鼠叶淑婷换一换，这样两组都好编写童话，我点头赞同。

又一会儿，杨湘玮和吴红蕾争起来了。我走过去，吴红蕾抢着说："大公鸡见小鸭子能游泳，小猫会爬树，小马跑起来飞快，自己不能像母鸡那样生蛋，很自卑。小马、小猫和小鸭子就告诉他：'你早上能打鸣，催人早起，我们也不会啊！'公鸡听了就不再伤心了。这童话告诉我们：每个人都有自己的长处。这不是很好吗？杨湘玮就是不同意。"

杨湘玮说："我是这样想的，大公鸡突然想起明天要过生日，可是没告诉河对岸的大白鹅和远在森林的小猴，很着急。刚好小猫、小马和小鸭子来串门，知道情况后，小鸭子说他游过河去告诉大白鹅，小马说他跑去告诉小猴子，小猫说他在家帮大公鸡。第二天，他们都到了，替大公鸡过生日，大家很高兴。"

听完他们的构想，我向他们竖起大拇指，并告诉大家：一组可以有几个不同的童话，越多越好！

见他们都胸有成竹的样子，我就问他们："我们把编好的童话带到操场上去演一演，好吗？"

"好啊！"他们满脸笑容，排着队来到了操场上。

"戴上动物头饰，按照想象好的情节，我们尽情演一演吧。"我的话刚说完，他们就讨论表演了起来。

不一会儿，他们又来提问了："老师，我们可以更改以前的情节，再演吗?""我们可以增加情节吗?"

望着他们急切的神情，我点头肯定："行，只要你们觉得好。"

表演好了，回到教室，我还不急于让他们写："我们演了童话，下面闭上眼睛，将童话在眼前'放映'出来：童话人物怎么做的? 怎么说的? 怎么想的? 当时情景怎样……在眼前慢慢'放映'，越清楚越好。"

见他们慢慢睁开了眼睛，我说："写下刚才'放映'的童话吧。"他们拿起笔就写了起来。

批阅他们的童话，我发现他们都写得生动有趣。

"老师，我的童话多少分啊?""老师，什么时候让我们写童话啊?""老师，这是我写的童话《美人鱼去月宫做客了》。"……

他们嘴里总挂着童话，我知道，童话已经走进了他们的心里，他们的学习因童话而快乐、丰富多彩!

附：学生习作

月亮来大海做客

□ 王思晴

"哗啦啦!"波光粼粼的大海唱起了欢快的歌。突然，珊瑚村村长乌龟爷爷的家响起了一阵清脆的敲门声："咚咚——咚咚——"乌龟爷爷轻轻地问："是谁啊?"

乌龟爷爷把门打开，眼前出现一位姑娘，她穿着金光闪闪的礼服，头上戴着一个皇冠，十分漂亮。乌龟爷爷定睛一看，喔，原来是月亮姐姐："你好，月亮姑娘，怎么有时间到深海来做客?"

"嗨，最近比较空闲，就出来走走。"

乌龟爷爷热情地说："你请坐，来，尝尝大海的珍珠茶吧。"

"谢谢。"

乌龟爷爷请月亮姑娘坐下后，连忙唤来珊瑚村的居民。大家闻讯，都纷纷赶来。小海星提议："各位，让我们带月亮姐姐去游玩一下珊瑚村吧。"

"好!"大家异口同声地说。

他们穿过长长的石洞,来到了草帽谷。草帽谷真像一顶草帽,泛着幽幽的蓝光,十分美丽。月亮姐姐跑进草帽谷,谷中漂着一颗颗宝石,像顽皮的小星星,有的跳到她的头上,有的蹦到她的手上,她感到十分有趣。

欣赏完草帽谷,他们来到了珊瑚丛。远看,珊瑚像一位位亭亭玉立的少女在翩翩起舞;近看,一个个珊瑚红红的,闪闪发光,像镶嵌了许多红宝石,真是让人流连忘返。

月亮姐姐不由地赞叹道:"你们这里真是太美了!"

小海马一蹦一跳地说:"你们天宫才美呢!尤其是月宫,月宫的冰桂犹如水晶般剔透,又如冰雪般洁白无瑕,月宫中的嫦娥仙子和玉兔,不时跳起动人的舞蹈。"

突然,从岸边传来了几声鸡鸣:"咯咯——咯咯——"月亮姐姐要回去了,星星车夫驾着云朵车来接月亮姐姐了。车夫说:"月亮姐姐,时候不早了,该走了。"

"再见,我的朋友们。"月亮姐姐恋恋不舍地说。

她坐上了云朵车,车开了,朋友追着车跑了很长一段路。大伙说:"再见,月亮姐姐,欢迎你下次再来。"车子缓缓向天空飞去,渐渐消失在鱼肚白的天空。

月亮姐姐回到了家,每天夜晚都向大海处遥望,幻想着海底的生活,期待着下一次的旅行……

人鱼妹妹去月宫做客

□ 方 杰

"咚咚——咚咚——"突然响起了敲门声。

"谁啊?"人鱼妹妹从睡梦中惊醒。她睡眼朦胧地打开门一看,是星星小弟。

星星小弟一见人鱼妹妹就说:"月亮姐姐请你去月宫做客。"

"好啊!"人鱼妹妹听说要去月宫做客,一下子清醒了。她整理好衣装，就随星星小弟来到了月宫。

她一走进月宫，就看见玉兔小妹拍着手在唱《欢迎歌》；来到月亮的家里，看见地板上都是用彩虹水写的大字：欢迎你来做客。月亮姐姐一见到人鱼妹妹，就给她一个热情的拥抱："你终于来了，我都想死你了。"于是姐妹两人坐下来喝茶，聊天，很快活。

"妹妹，我们去看看制作工厂吧。"

"好啊，好啊，上次听你说了，我早就想去看看了。"人鱼妹妹说着就站了起来。

于是，她们来到了烤饼制造工厂，这工厂是由太阳掌管的。人鱼妹妹看见太阳正在用身上的温度烧烤着圆饼。她奇怪地问："咦，怎么只有太阳公公一个人在烤啊？"

"唉——别提了，当年天上有太阳十兄弟，但是有一次，九个兄弟出去旅游，却被那个该死的后羿当猎物给射死了，只剩下这个最小的太阳了。所以，只好委托他，辛苦他了——大不了多给他加薪水。"月亮姐姐说。

看好了烤饼制作工厂，她们又来到了造环工厂，这工厂是由彩虹掌管的。只见彩虹用红橙黄绿蓝靛紫七种色彩，制作出形状各异的花环。人鱼妹妹看看这个，摸摸那个，好不喜欢！月亮姐姐见了，就拿了一个花环给她戴上。人鱼妹妹站到镜子面前一看，"哇，好漂亮呀！"她不禁赞叹道。"这个就送给你了。"月亮姐姐说。

"这怎么好意思！"人鱼妹妹笑笑，脸都红了。

"没什么不好意思的，我们这里多，你就拿去吧。"彩虹阿姨劝她收下。

"恭敬不如从命。"人鱼妹妹戴好花环，笑笑。

她们又来到了云朵妹妹掌管的造糖工厂。人鱼妹妹看见那么多的棉花糖，形状也各不相同，有动物形状的，如老虎棉花糖、兔子棉花糖、鸵鸟棉花糖等；有花状的，如莲花糖、菊花糖、桂花糖等；有树叶形状的，如松针糖、梧桐掌糖、银杏心糖等。

"来，尝一尝。"云朵妹妹递了一块珍珠状糖给人鱼妹妹。

人鱼妹妹接过来送进嘴里："嗯，甜丝丝的，脆脆的，柔柔的，味道好极了。"

"这一袋就带回去吧，算我送你的礼物。"云朵妹妹说。

人鱼妹妹看看月亮姐姐，就收下了。

她们走着，看着，不知不觉就到了月宫的门口。人鱼妹妹说："时间不早了，我该回去了。"

"好的，有空再来玩。"月亮姐姐说着，手一挥，就不见了。人鱼妹妹头一甩，就回到了大海……

>>> 多姿多彩说明文

——我们班学生梯度练写说明文的故事

　　说明文是以说明为主要表达方式来介绍事物或事理的文章，对于小学生来说，要写这种客观冷静的文章，难度可想而知。教学时，我依据教材，变换形式，巧妙设计，梯度训练，让说明文多一些"姿态"，多一些"色彩"。

巧妙"抄写"说明文

　　课文《鲸》后面安排了一次小练笔：根据课文和自己搜集的资料，以"鲸的自述"为内容写一篇短文。品读课文《鲸》之后，我对他们说："这次作文就是将课文或搜集的资料改写成第一人称'我''我们'来介绍。"

　　叶淑婷说："这不是抄作文吗？"

　　"对，我们就抄一次吧，这得看会不会抄了。"我顺着她的话说，"我们来试一试，鲸的分类那一段，叶淑婷，就你说说吧。"

　　叶淑婷站起来，对着课文读出来："鲸的种类，不对，应该这么说：我们鲸的种类很多，总的来说可以分成两大类：一类是须鲸，没有牙齿；一类是齿鲸，有锋利的牙齿。"

　　"这不是很简单吗？"有点怕作文的江国航说。

　　"简单不简单，就看你怎么选择内容啦。"我笑着说。

　　"老师，我来改写'资料袋'的内容。"郑甜甜翻到课文后面，"我们鲸类的繁殖能力很差，平均两年才生一个孩子，可是，有的人不仅污染环境，还大量捕杀我们，使我们的数量在急剧减少。我们须鲸，在20世纪有36万同胞被人类杀戮，目前，我们'鲸口'总数还不到50头。大慈大悲的人类啊，可怜可怜我们吧，好好珍惜我们吧……"郑甜甜刚坐下，杨湘玮就带头鼓起了掌。

我吃惊地问："你怎么鼓掌?"

"我觉得郑甜甜改写得很有感情，所以，我禁不住鼓掌。"杨湘玮说。

"哦，有道理。"我一边肯定她，一边提醒大家，"想一想，要抄写好这篇'鲸的自述'，我们该注意些什么?"

"既然是自述，就应该将人称替换成第一人称'我''我们'。"

"尽量采用一些如列数字、打比方、举例子等说明方法，将内容写得生动、清楚。"

"根据表达的需要，可以选用课文以及搜集的资料，要按照顺序一一写清楚。"

…… ……

"交流好了，那就拿笔吧。"我的话刚说完，教室里便是沙沙沙的写字声。

推销 "宝物" 说明文

本单元的"口语交际"是"我当小小推销员"，我就把这口语交际当作练写说明文的前奏曲。

上这一单元课文时，我告诉大家："我们要召开一次推销会，每个同学都得准备一个'宝物'，推销给同学或老师，最后还要评选'优秀推销员'。大家想一想，为了推销能出彩，我们该怎么准备?"

他们议论纷纷：选择一件有推销价值的"宝物"；应该把宝物的外形、结构、用途等说清楚；要多采用一些说明方法；伙伴之间多练几次……

推销活动开始了，我将同学们分成六个小组，每组五至六人。先在小组内进行，组内推选出一至两位优秀推销员；然后各组代表在班上一一推销；推销完毕，全班同学推选出几位"优秀推销员"。

"同学们，想一想，你为什么选他为'优秀推销员'？"

"张锦国推销的陀螺，虽然是一个普普通通的小物品，但是他不仅用列数字、做比较的说明方法介绍了陀螺的形状、大小，而且介绍陀螺给他成长带来的启发，使我触动很大，我们不能像陀螺一样打一下转一下。我想买下他的陀螺来时时警醒自己。"吴方翔说起来总是滔滔不绝。

"我与吴方翔深有同感。"江国航说，"我补充一点，张锦国还采用打比方和拟人的方法，写出陀螺给他带来的快乐和一些不愉快，将自己的情感融入介绍，所以吸引人。"

……：……

"同学们，我们刚刚交流了'优秀推销员'的许多优点：按照顺序介绍；多采用说明方法介绍；带着感情介绍等。想一想自己的推销有什么不足，怎么补充、修改？小组成员互相提醒。"

交流之后，我再让他们以"我是小小推销员"为题，把自己推销的话语写下来。他们提笔就写，写得生动顺畅。

"正儿八经"说明文

"同学们，怎样写出来的文章才算是真正的说明文？"

他们抢着回答：采用列数字、打比方等说明方法介绍事物种类、特征等的文章就是说明文。

"那写说明文难吗？"我故意问他们。

"我们都写了《鲸的自述》和《我是小小推销员》两篇说明文了，这有什么难？"方杰大声说。

"可是，你们作文中用了多少说明方法？又用了哪些说明方法？不多吧？"我故意刺激他们，"不信，你们用铅笔画出相关语句，并标注上说明方法。"

他们都急着看作文，画着，标注着，交流着。

"怎么样？"我问他们。

杜昕妍说："似乎少了些，如果现在写，我可以补充许多说明方法。"

潘秋娟急忙站起来说："嗯，我也是这种感觉。"

"我们来写一篇像课文《鲸》《新型玻璃》那样正式的说明文。要写出这篇说明文，我们该怎么办？"

他们互相交流：首先确定一个说明的对象；要从多方面了解说明的对象；用多种说明方法来写……

"大家都胸有成竹了，这篇说明文一周时间完成，行吗？"

"行!"

之后，他们常跑来问我：写水果行不行；怎么开头能吸引人；怎么结尾好；怎样写用途……

这次说明文，他们写得像模像样，生动有趣，我还花了一堂课的时间组织大家欣赏杰作。

趣味童话说明文

同学们都喜欢童话，何不把童话与说明文结合起来？当我闪过这念头时，不禁一阵暗喜。

我走进教室，右手拿着铅笔，摇了摇，对左手拿着的粉笔说："你是谁？怎么一身雪白，干什么的？"我又摇摇左手的粉笔说："我叫粉笔，有许多兄弟姐妹，在黑板上写字画画，花花绿绿的，可美了。咦，你又是谁？有什么用呢？""嘿，我叫铅笔，像一根筷子吧，长长的，外面是木头，里面是石墨，我是小朋友写字画画用的，我是在纸上跑动的，不像你是在黑板上，我必须挨刀子才能用哩。"

我说到这儿停下了，拿起一支钢笔，摇了摇："谁来跟他俩介绍一下？"

叶刚自告奋勇："我叫钢笔，是铅笔的大哥，一二年级小朋友用铅笔，到三年级小朋友写字就用我钢笔了，我不用挨刀子，只要喝点墨水就能写出字来。"

此时，同学们都疑惑地望着我。吴红蕾站起来问我："老师，你这是干什么？"

"铅笔、钢笔、粉笔会说话吗？"我问他们。

"老师，你让我们写童话吗？"突然，王宁站起来说。

"我们学了说明文，把童话和说明文结合起来写，写——"

"童话说明文！"他们异口同声。

"对！有难度吗？"我问他们。

"不难，把要介绍的物品移到一起来。"杜昕妍一点就通。

"这简单。"周永星笑着说，"我就写客厅里的电视机、电冰箱和空调，通过互相介绍，写出生活的富有和舒适。"

"补充上要移走的失落的电风扇，不是更好吗？"我提醒道。

"嗯，老师就是老师。"周永星笑着坐下了。其他同学议论开了："我写我妈水果摊上的水果。""我写眼睛、鼻子、耳朵和嘴巴。"

"我就通过介绍院子里松竹梅这岁寒三友，来写这家人的喜好与秉性。"立意总不同一般的吴珍珍说。

"好！"我点了点头，对大家说，"我们这次写童话说明文，最重要的是——"

我的话没说完，方杰就接过话说："一定要多采用说明方法来介绍，这是说明文最重要的。老师，我说得对吧？"

"嗯！"我向他伸出大拇指，"同学们没问题就动手写吧。"

这次童话说明文，许多同学都写得生动有趣，一半以上的同学写了一千多字，还有两篇文章在报刊上发表了。

附：学生习作

我是小小推销员

□ 徐雅琪

"今天我向大家推销的是一个玩具——会发光的娃娃。"

这是在干什么？原来，今天我们都是推销员，我在推销我的玩具。

"这款玩具的外形是个小娃娃的样子，扎着丸子头，戴着项链，穿着许多女孩喜欢的公主裙，裙子一直拖到了地上。此时你可能会问：这玩具怎么会发光呢？不急，你听我慢慢讲解。"

说到这里，我故意卖个关子："这款娃娃光靠外表就能让许多人喜欢，你们看，她可以发光，但是你们只注意到她那可爱的外表。"说到这里，我把玩具倒过来，"你们看，把她倒过来，就会发现裙子下面有一个黑色的按钮，只要把这个按钮用力推到最上面，灯就会亮起来。"

我说着就推了黑色的按钮，玩具娃娃顿时亮了起来。在大家的惊讶声中，我接着说："怎么样？不错吧？可是，同学们要问了，灯光太强，伤了眼睛怎么办？我忘了告诉你，这款玩具娃娃发出的灯光非常柔和，不会伤到眼睛。"

"我们都不喜欢单调的色彩，对吧？玩具娃娃发光的颜色像彩虹一般绚烂，她穿着淡紫色的衣服，衣服上映着一朵朵白色的小花，当你打开灯时，非常好看。有时，玩具娃娃可以当手电筒用，怎么样？你喜欢吗？"

我推销完后，啪啪啪，掌声一片，老师对我满意地点了点头。

啊，这次我的推销很成功，最后还被评选为"最佳推销员"呢，我真是太高兴了！

果园里的争吵

□ 方欣怡

秋天到了，果园中的果子都陆续成熟了，香飘四野，但他们彼此不了解，桂花树就组织他们互相介绍了起来。

苹果先开口说："我就是既脆又甜的苹果，我长得像个小皮球，外表既光滑又平整，比树皮平滑多了。我红彤彤的颜色，像不像猴子的屁股？我的营养价值很高，多吃一些我会有益于身体健康哦。"

橘子听了，连忙也说起来："我就是酸酸甜甜的橘子，表面是凹凸不平的，比苹果要粗糙些，果实就像花瓣一样一瓣一瓣的，像许多兄弟抱在一起似的。我的味道也不输于苹果，好多人都爱吃我呢。"

石榴听完，便迫不及待介绍起来："我叫石榴，我的外皮黄黄的，又有点红，像脸上抹了胭脂似的。我的果实晶莹透亮的，我肚子里有300～400颗果粒，也很好吃，小孩子都很偏爱我哦……"

橘子听着听着，目光转移到了石榴暴露出的果粒上，又看了看自己的样貌，只有单调的橙色，便产生出了妒忌之心。他打断了石榴的话，说："你讲那么多废话做什么，还让不让别人介绍了，一点都不尊重别人，连这点最基本的礼貌都不懂，你还配当水果吗？"

枣子听了，便说："别人想介绍就介绍呗，你打断别人讲话就很有礼貌喽？"

"那你又是谁，凭什么管我的事？"橘子生气地说。

"我是枣子，我最常见的两种吃法是：买来就吃，也就是新鲜吃法；吸掉水分，干吃，这样可以保存时间久一点。虽然我只有9月至10月吃得多一些，其他时间不太问事……"

没等枣子说完，橘子就不耐烦地说："既然你已经不问事了，那还来瞎凑个什么热闹，哪儿凉快哪儿待着去，别在这站着，碍眼！"

石榴看不下去了，也来帮枣子主持公道："你怎么可以这样，别人话没说完，你又像上次打断我一样去打断他，你真是太坏了。"

"你又干嘛，我要你来说我？也不当自己是什么东西，龅牙！"橘子讽刺道。

"那你就只知道鸡蛋里挑骨头吗？你就没有坏处吗？比如说：你吃多了也会上火，怎么不说呢？"枣子说。

橘子听了，又反驳起来："那你吃多了，对牙齿也有一定的伤害，你又怎么不说呢？自己都不说，还好意思来说我。"就这样，两边吵得不可开交。

桂花树爷爷看不下去了，开口说："我们都有自己的优缺点，比如说我，也只有8月份花朵盛开时，才会有人来欣赏，可在其他时候，别人连看也不会看我，所以，不能一吵架就用伤人的话语。橘子啊，你不用嫉妒石榴，你其实也很美，很讨人喜欢的，知道吗？"

"是……是……是的。"橘子支支吾吾地说。

"那你该不该和他们道歉呢？"桂花树爷爷说。

"我觉得应该，"橘子惭愧地说，"对……对……对不……起，你们……还……还愿意原谅我……我……我吗？"

"我们能原谅你。"橘子和其他水果听完，开心地笑了。

水果们都成了好朋友。

火龙果

□ 吴红蕾

　　星期六，姐姐送给我一个火龙果。

　　这个火龙果长得十分奇怪，看上去像一个大鸭梨，肚子大，两头小；它的皮火红火红的，光滑发亮；更奇怪的是，它浑身长满了类似三角形的叶片，尖尖的、绿绿的，而且靠近顶上的叶片特别长，有的估计有一只铅笔长呢。从远处看，火龙果真像一个正在燃烧的小火球，周围跳跃着青色的火焰，难怪人们称它为火龙果。

　　它特别好吃，让人吃了如同一股清泉流入心间。切开一看，红红的皮比橘子皮还厚，果肉是乳白色的，有点像我们平常吃的果冻，有些透明，并且果肉中满是"黑芝麻"。我轻轻咬了一口，凉丝丝的，甜津津的，顿时口中感到清爽无比；嚼一嚼，香香的，咯吱咯吱的，特别有意思！这咯吱咯吱声一定是那些"黑芝麻"在作怪。

　　我查找了一些资料知道，火龙果又名仙蜜果、红龙果。火龙果为仙人掌科三角柱属植物，生长在墨西哥等中美洲热带沙漠地区，属于典型热带植物。后来由南洋引进我国台湾，再由我国台湾改良引到海南省及广西、广东等地栽培。科学研究表明，火龙果具备一般植物少有的植物性蛋白、花青素、丰富的维生素和膳食纤维等很多对人体有益的成分，还有许多促进健康、美容、防病强身的功效。看来，火龙果的好处还真不少呢。

　　听了我的介绍，你们一定喜欢上火龙果了吧？

⟫⟫ 游戏·笑·作文

"哈哈哈，程浩宇在树上吃饭。他不成了猴子了?"

"吴梦泽在太空爆炸，天哪，在太空爆炸了，吴梦泽不粉身碎骨，完蛋了?"

"猪八戒在厕所里游泳，猪八戒鼻子失灵了? 都不怕臭啊! 哈哈哈。"

…… ……

同学们拿着手中的小纸条读着，笑着。他们姿态万千：有站着哈哈傻笑的，有弯着腰抱住肚子笑的，有滚落坐在地上、手儿还不停地击打地面的，有互相拍着肩膀说"笑死人"的，有不停地擦眼泪的……

实在是太热闹了，这是在上课吗? 可确确实实是在上语文课!

我知道，下午的一节语文课，同学们是没有多少心思上的，因为明天要去踏青游玩，他们心里老是惦记着，为此，我想到了这么一个游戏。这是我在一本书上看到的，经过自己加工设计的小游戏，并经常以此来进行激趣教学。

游戏是这样的：首先每个学生在一张小纸条上写一句完整的话，内容是谁在什么地方干什么，比如小明在教室里写字；接着将纸条按"谁""在什么地方""干什么"三个部分撕开，将每一部分分别交给小组内的一个同学；然后每人在三个同学中各抽一张；最后，各自将三张小纸条凑到一块，读出相应的句子。这样就出现了前面的欢笑场景。

"笑够了吧，同学们，别忘了，我们现在是在上课喔。"见同学们笑得差不多了，我就让他们安静下来，"我们来说说玩这游戏的感受。"

"这游戏真好玩，本来是正常的一句话，通过重新组合，读出来的句子却那么有趣，简直让人笑掉大牙。"快嘴子黄颖说完，笑容未消。

"这游戏让大家都笑翻了天，教室里乱成了一片，都不像是上课了，我觉得这种游戏要多玩玩，特别是上课。"一听这话，我就知道是喜欢偷懒的张凌说的。

"老师，这游戏太有趣了，还有大半节课的时间，我们来写下这游戏，可以吗？"班长姚淼说着望望我。

我点了点头。"不过，这就算我们今晚的家庭作业，因为明天……"

"对啊！对啊！"她的话未完，就响起一片应和声。

这家伙，怪不得选她为班长时大家都举双手！

"这有什么不可以的！不过，要把游戏写具体生动啊！你们谈谈该怎么写吧。"

我的话说完，他们议论纷纷。

"我们要把游戏的过程写清楚，让人看了知道是怎么回事。"

"过程很简单，可以按这样的顺序来写：写纸条，撕纸条，抽纸条，读纸条。"

"按这样的顺序，如果没有重点就会写成流水账，应该抓住重点写，我认为重点是大家读纸条笑成一团的情景。"

我接过程新月的话问道："采用什么办法才能写出来呢？"

语文课代表朱芳说："可以运用您教我们点面结合的方法来写出大家欢笑的场景，先总体描写大家的笑，然后抓住几个有代表性的同学，写出他们笑的语言、动作、神态，让人看了就会有身临其境之感。"

"我积累了许多笑的词语，可以读给大家参考参考。"学习委员邵诗语边说边翻开自己的"采蜜本"读起来，"笑的类型许多，我读这次能用到的几类——第一类强烈的笑：仰天长笑、捧腹大笑、笑煞、笑破肚皮、笑掉大牙、哈哈大笑、哄堂大笑、笑弯了腰；第二类愉快的笑：笑吟吟、笑嘻嘻、笑呵呵、笑咪咪、笑盈盈、笑逐颜开、眉开眼笑、笑容可掬；第三类难忍的笑：忍俊不禁、哑然失笑……"

"对，平时多积累语言，到写文章时可以灵活运用，不至于用词重复。"我提醒大家学习朱芳的善于积累。

"就重点写笑，那其他内容都一笔带过？"程敏问道。

"写纸条、撕纸条和抽纸条这三个环节也充满了好奇和情趣，我们也应该写生动。"

　　"怎样写才能把前三个环节写生动？我认为最主要的是写出老师的语言神情和自己的心理活动，当然其他同学的窃窃私语写出来也行，会增添一些情趣。"

　　……　……

　　"不错，你们就按照刚才交流的方法，写出这次游戏，当然别忘了拟定一个好题目。下面就写吧，完成了就没有家庭作业了，好好休息，明天尽情游玩。"

　　"好啊！"他们叫起来，高兴地埋头写了起来。

应用文童话：我们编写的连续剧

"连续剧，几十集才过瘾哩！"

"同学们，喜欢看电视剧吗？"

"这还用说，喜欢！""我是看着连续剧长大的。""我特别喜欢看《西游记》。""《喜洋洋与灰太狼》也很好看……"

"我们也来写连续剧，怎么样？"

"写连续剧？"惊讶写满每个人的脸。

"我们写童话，一篇连着一篇，不就是连续剧吗？"他们都爱写童话。

"写童话，好啊！"

"我们的童话连续剧，每一集里都穿插一篇应用文，完整的说法是：应用文童话连续剧。"

"应用文童话连续剧？"又是满脸的问号。

"我们都六年级了，许多应用文不会写，比如寻物启事、借条等。要在每一集童话里都穿插一种应用文。"

江国航说："应用文那么多，这不要写几十集吗？"

"连续剧，几十集才过瘾哩！"吴红蕾笑着说。

"可是，怎么写呢？"

"这有何难？"我告诉他们，"童话连续剧的主要人物有小马奔奔、森林之王威威虎及其儿子虎虎、小猴子灵灵等，主要内容是小马奔奔为了锻炼自己，在暑期与好朋友虎虎、灵灵一起做森林运动会志愿者，这其中会发生许多有趣的事。我们一集接一集写下去……"

"可是，应用文又怎么穿插啊？"还是叶淑婷。

我笑笑："这有何难？比如，放暑假了，小马奔奔想当志愿者，威威虎答应吗？写申请书啊！申请书不就穿插进去了吗？"

"哦，是这样！老师，现在就开始写吗？"

我摆摆手："不急，万事开头难，第一集小马奔奔写申请当森林运动会志愿者，写之前要知道申请书的写法。明天给你们一节课写第一集，怎么样？"

"嗯，这样好，"杨湘玮说，"我们可以构思一下。"

郑甜甜说："开头写得好才有信心写下去。"

我提醒："必须考虑好有哪些主要人物，每个主要人物的性格特征是什么。当然，申请书的写法要清楚哦。"

没问题！他们都点点头。

"这么快下课了？"

"老师，申请书写法很简单，就是将申请什么说清楚就是了，当然，要注意格式啦。"还是课间，大家都端端正正坐在位子上等我上课了。

王宁抢话了："申请书主要由标题、称谓、正文、结尾和署名、日期几部分组成，写起来不难。我看了许多应用文，格式都大同小异。"

此时，上课的铃声响起，我望望大家："童话人物性格确定好了吗？"

"确定了。"潘秋娟说，"小马勤奋好学，责任心强；虎虎，也就是森林之王的儿子，勇猛威武，乐于助人，可是骄傲；小猴子灵灵，却喜欢耍小脾气……"

汪群蕾说："我的人物跟你想得差不多，我设想了老绵羊爷爷咩咩这个人物，他德高望重，知识渊博，小马有困难就找他，申请书也是他教小马写的……"

"真不错，"我打断了汪群蕾的话，不想让他们的构思雷同，"我们写连续剧，都是自己的独创，每一集的内容都是属于自己的，首先得考虑这应用文怎么写、谁来写，也就是怎么穿插到童话里去，这是第一集的主要内容。同时，童话故事要向前推进，写得让人喜欢看，就必须考虑一些情节，如怎么写得曲折吸引人，这就看你们各自的能耐了。你们有信心吗？"

他们自信满满："这有何难？我们都看了那么多本书了。"

"好，那就开始吧。"

随即，教室里响起沙沙沙的写字声。

没一会儿，下课的铃声响起，胡文斌惊讶道："这么快下课了？"

他们七嘴八舌："是呀，怎么这么快？""我还没写一半呢？""我也是！"……

"没写好不急，"我说，"今晚就这个作业，完成第一集，怎么样？"

"好啊！"他们都很高兴。

"每个人的电视剧我都想看看！"

第二天一早，他们就相互看写的第一集："我写了四版多。""我写了五版三行。"江芳媛自豪地说："我写了一千八百多字！"……

我顺情而为："我们来播放连续剧第一集，怎么样？"

"好啊！"他们纷纷赞同。可是，怎么播放呢？

这倒是个难题，他们大多写了一千多字："那就分组交流吧，把构思说给大家听，把写得满意的内容读出来，让别人欣赏，这样好吗？"

"行！"他们按以往那样分组交流了。

他们一说起来就没完，眼看还有5分钟就下课了，我不得不打断。

"老师，我们还没有说完。"他们意犹未尽。

"那怎么办？"

"我们课外时间交流。"他们说。

"可是，别组还有更精彩的，你没有听到就很可惜，怎样来弥补这缺憾呢？"我把球抛给他们。

章华彬说："跟以前一样，每组选代表到班上交流。"

"这可不好代表，"杜昕妍站起来，"每个人都有精彩的，比如杨湘玮设想的小马写申请让威威虎的儿子虎虎求情，虎虎又想办法与虎妈妈一起'讨好'威威虎，几经波折才同意；江国航却写小马自己去求情，威威虎不同意，他就在威威虎办公室打扫、整理、干杂活，一连几天，威威虎很感动；方佳慧就更妙了，请教别人几经波折写好申请书，威威虎看了，不说同意不同意，让他干件事考验他，把悬念留到下一集……"

"对对对，"汪群蕾抢着说，"再说，我们组，郑甜甜的环境描写、张锦国的对话描写、章华彬的小马的心理活动以及周永星对小马、威威虎的外貌描写等，都很精彩。"

"看来，大家都在用心写电视剧了……"

我还没说完，吴方翔就抢话了："每个人的电视剧我都想看看。"

"这，怎么行？哪有那么多时间？"方杰说。

我笑笑："时间是挤出来的。"

"教室里什么时候最安静？"

怎么更好交流？没好办法，写了再说吧！同学们紧接着就写了第二集的留言条、第三集的借条。一天，我要到中心校去开会，准备和数学老师换课，他们却嚷起来说："老师，给我们写连续剧吧。"老师不在，他们能认真写吗？我正迟疑，他们却纷纷表示："老师，我们会守纪律的。""老师相信我们吧！"

就相信他们吧！我安排好就去开会了。第二天，王尘莹悄悄跑到我身边对我说："老师，你知道教室里什么时候最安静？"

"这还用说，午休时啊。"我回答她。

"错，午睡时，还有人偷偷耳语，即使大家都睡了，还有打呼噜声。写连续剧时，就只有沙沙沙的写字声，此时最安静。"

真是这样吗？后来，我让他们写连续剧时，悄悄离开教室，然后偷偷去看，他们有的奋笔疾书；有的眨巴眼想一下，然后写起来；有的很陶醉的样子，还不时摇摇头，或笑一笑……教室里真的很静很静！

"老师，让我们自由写吧？"

当我准备安排下一集要穿插的应用文时，郑甜甜站起来说："老师，让我们自由写吧？"

"是啊，是啊！"杨湘玮似乎很着急的样子，"连续剧的发展，我们自己构思安排，这样，您不是也省心吗？"

"可是……"我的话还没有说出来，王思晴就抢着说了："我们把要穿插的应用文列出来，按照想象一集一集写出来，这样不就避免了您极力反对的千篇一律吗？"

"老师，您不要担心我们几个。"江国航似乎看出了我的心思，"我们几乎把班上同学的每一集内容都看了，收获不少，也都有了整体的构思，比如运动会中写开幕词、小马办事时丢东西写寻物启事、比赛中写新闻报道等。"

叶钢站起来望着我说："老师，我也设想了，运动会之前，小马写邀请函邀请隔壁森林之王来参加运动会开幕式；运动会之后写喜报，报道马村取得可喜的成绩；小马还帮马村策划庆祝会……"

"好，好，"我真不想他们写得雷同，立马打住他的话，"以后每一集内容你们自己构思吧，不过，应用文要巧妙穿插。"

"老师，我还有一个建议，您让我们回家写吧。"叶淑婷说。

"是呀，是呀，"王尘莹连声附和道，"您不是说写作需要一个安静的环境吗？在家里，灯光下，静静地想，静静地写，多好！"

"可是……"我的话没说出来，课代表方佳慧就抢着说，"老师，您就别'可是'了，相信我们吧，这可是我们的连续剧啊，我们都会用心写的。"

是的，是的，他们纷纷举手赞同。

"我还能说什么呢，那就这样吧！"我说，"那你们的进度就自己把握了，这学期写完，怎么样？"

"行！"

"我们 QQ 聊连续剧，父母都同意！"

之后，连续剧就在家里写了。

"老师，森林的环境描写、每个人物的出场及外貌特点等，都要写

吗?"江芳媛先问我

"这要具体情况具体对待啊,"喜欢抢话的吴方翔笑一笑,"森林里的环境描写还要随人物心情变化,选取不同景物来写。是吧?"

姚寒枫说:"同一景物,也可写出不同的心情,我们也练过了,在连续剧里也可以用的。"

"我是这么想的,每一集要有主要内容和曲折情节,"叶钢说起来也滔滔不绝了,"主要内容就是应用文,曲折情节就是吸引人的、让人想不到的情节,比如写通知的那一集,我就围绕威威虎让小马写通知这个主要内容,设想曲折情节:威威虎由于事忙,没有细看小马代写的通知,就匆匆盖章,而开会时间到了,没有一个人来,小马再去看通知,发现通知没写清楚具体的开会时间,怎么办?重写通知,会议延迟一天!小马见威威虎脸色不悦,内心忐忑起来。这就引出下一集小马写检查,请求威威虎原谅。"

"这不是你 QQ 中经常重复的吗?"

"是啊,我就要在老师面前炫耀一下,不行吗?"叶钢很得意。

"QQ 聊天?你们父母不是反对吗?"

"我们 QQ 聊连续剧,父母都同意!"叶钢很高兴。

"老师,您也进来吧?"叶淑婷说。

"好,我今天就加入你们的 QQ 群。"是啊,这聊天多有意思,他们互相启发,还把平时训练的技巧自觉用到连续剧当中,这不是我在努力追求的吗?就得让他们多一些时间互相"炫耀"自己的"得意"!

之后,他们的连续剧写得有滋有味,互相传看得有情有趣。他们每周二、四、六晚上 7 时至 8 时用 QQ 聊电视剧,聊得热火朝天!

…… ……

就这样写着、聊着,一个学期就要结束了,我让他们"剧终"连续剧,并引导他们写了前言和目录,连同写连续剧的作文本一起装订起来,自己设计封面贴上去。这样,他们独自创作的"书"就宣告完成了。我知道,这一本本书有些"粗糙",存在这样那样的不如意,但是,之后的学习生活中,他们定会时不时地回想起这其中的一幕幕,每每想起定会很开心、很陶醉!

附：学生习作

奔奔的暑期生活（节选）

□ 郑甜甜

奔奔是生活在清风森林的一匹小马，他活泼可爱，喜交朋友，乐于助人，却有一个毛病，就是一遇到写文章就头疼。放暑假了，燕燕老师单独找到他，深情地对他说："奔奔啊，假期里多参加实践活动，长长见识，多练练笔，写写作文，你是有出息的。"奔奔听了老师的话，想想老师辛辛苦苦地教自己，自己却没什么长进，实在对不起老师，就说："老师，我一定努力，争取开学后让大家对我刮目相看。"

找人不在就"留言"

暑假一开始，奔奔与好朋友小松鼠松松和威威虎大王的儿子虎虎一起，求得威威虎的同意，替正在筹备的运动会做一些事情。

一天，威威虎对奔奔说："奔奔，你去小松鼠爸爸老松那儿，请他明天上午八点半来我们森林会议室开会。你能说清楚吧？"

"保证完成任务。"奔奔大声回答。

奔奔赶到小松鼠松松家，却见大门紧锁。等！可等了好长时间，却不见人影，怎么办？这时松松家的邻居咩咩羊爷爷回家了。他马上走上去："咩咩羊爷爷，威威虎要我通知松松的爸爸明天去森林会议室开会，他不在，您替我告诉他，好吗？"

"可以啊，"咩咩羊走累了，喘着气说，"可是，我老了，记性不好，要误事啊。奔奔，这样吧，你写一张留言条放到他家门上，这不是更好吗？"

留言条？什么是留言条？奔奔疑惑地看着咩咩羊爷爷。

咩咩羊爷爷走到树桩边坐了下来，说："你不会，我教你。你到我家拿笔和纸。"

奔奔拿来笔和纸，放在门口的小桌子上。

"你在纸条上方正中写上'留言条'三个字，稍微大一点，然后换一行，顶格写称呼。"

奔奔一边认真听，嘴里轻轻嘀咕着，一边写着：留言条，老松大叔……

咩咩羊爷爷一边捋着山羊胡，一边慢条斯理地说："换一行，写上你要告诉他的事情；写好了事情，换一行，在右下边署上你的名字；再换一行，在名字下边写上日期，这样就行了。"

"这么简单啊。"奔奔说着，把写好的留言条递给咩咩羊爷爷看——

留言条

老松大叔：

  威威虎大王让我告诉您，请您明天上午八点半去森林会议室开会。

  我来找您，您不在，所以留下此条告诉您。

小马奔奔

2015 年 7 月 5 日

"奔奔，谁说你写不好文章，这不是写得很好吗？"咩咩羊爷爷拍拍奔奔的肩膀说，"也不早了，你把这留言条叠好，插到老松叔叔家的门框上，就回家吧。"

奔奔插好留言条就回家了。

奔奔是一个尽职的孩子，他怕大风把留言条吹跑了，很早就起床急着去老松叔叔那儿，可他爸爸昨晚回家很迟，这时还睡得很香。怎么办？他想到了留言条，于是找来纸，刷刷刷，写好留言条，就朝松松家奔去。在路上，他碰到了老松叔叔："奔奔，谢谢你及时告诉我。"

"不用谢，这还是咩咩羊爷爷教的。我叫他告诉您，他说老了没记性，怕忘记。"奔奔边走边说。

"哦，咩咩羊爷爷确实老了，他也没告诉我，你的留言条起大作用了。"老松叔叔说着，已经走到岔道，对奔奔说，"你回家吧，我绕道约上猴猴叔叔一起去。"

奔奔回到家，爸爸一见到他就高兴地说："奔奔，这留言条是你写的？"

奔奔笑着点点头。

"那你跟我说说留言有哪些内容，该怎么写？"爸爸拿起一把青嫩鲜美的菜叶说，"答对了，这美味就属于你。"

奔奔眨巴着眼睛，想了想说："留言条有四部分内容：标题、称呼、正文、署名和日期。首先，在第一行正中间写上'留言条'三个字；接着换一行顶格写称呼，条子留给谁就称呼谁；然后称呼下一行空两格写正文，把要告诉对方的事情写清楚；最后在正文右下角写上姓名和日期。爸爸，这样对吧？"

爸爸一把抱起奔奔说："儿子有长进了，这美味属于你！"

奔奔吃着鲜美的菜叶，特别高兴。

奔奔请假惹人气

小马一觉醒来，觉得口干舌燥，浑身发热，很不好受，肯定是昨天晚上出去玩，回家太迟了，着凉了。他下床去喝水，回来再想睡一会儿，却看见桌子上放了一张纸条，他打开一看——

留言条

小马奔奔：

威威虎叫我和你明天上午八点到他家去，与虎虎一起登记参加运动会比赛的人员名单。

小松鼠松松
2015 年 7 月 8 日

"去虎虎家？"奔奔摸摸发痛的头，"唉——"轻轻叹了一口气，"我头好痛啊，我怎么去啊……不去也该请假啊，可怎么请假呢？"他嘀咕着把留言条放到桌上，突然闪过一个念头：写请假条呀！他找来笔和纸，没一会儿就写好了请假条。当他放下笔时，又犯难了——这请假条怎么送去呢？

咚咚咚。谁？奔奔打开门一看，原来是松松，还没等松松说话，奔奔就对松松说："唉，我病了，不能去虎虎家，你帮我把请假条送去，好吗？"松松见奔奔病恹恹的样子，说："好，你在家养病吧。"他说完就把请假条送到了威威虎手里。

威威虎打开奔奔的请假条，脸上露出了不悦之色，虎虎和松松都没有觉察到。

"虎虎松松，你们来看看小马奔奔的请假条，看了感到怎么样？"

虎虎和松松急忙凑过去一看，只见上面这么写着——

请假条

威威虎:

我今天生病了,怎么能来登记运动会人员名单?我请假,您必须同意。

小马奔奔

2015 年 7 月 9 日

"奔奔请假条的格式是正确的,没有错啊。"松松先抬头对威威虎说。

威威虎盯着他俩:"你们再读读这请假条。"

虎虎轻声对威威虎说:"爸爸,我觉得请假条不能这么写,让人看了不舒服。"

"我看了这留言条,也感到不舒服。"松松说,"可问题出在哪儿呢?"

"爸爸,要请假一般是晚辈向长辈或是下级向上级请,因此写请假条,态度要诚恳,语气要温和,是吧?"

"对,对,对!"松松连忙赞同,并向虎虎伸出大拇指。

威威虎对他们俩点点头说:"是啊,写请假条要谦虚,不能用'怎么能来'这样咄咄逼人反问的语气,也不能用'必须''应该'之类命令的语词,你们俩要跟奔奔好好讲讲,懂吗?"

"懂!"他俩都重重地点了点头。

"这样吧,今天就不登记名单了,你俩去请斑斑医生给奔奔治病吧,你俩也陪陪他。"

他们俩手拉手就向斑斑医生家赶去……

带介绍信借秒表

威威虎要奔奔去葫芦森林严严虎那儿借秒表,奔奔答应了,准备去借。

"可是,如果你就这么去,严严虎大王不认识你,会借给你吗?"威威虎笑着对奔奔说。

"那怎么办呢?"奔奔眨巴着眼睛,想了想说:"咦,威威虎大王,您写个介绍信给我带去,这样应该行吧?"

"你真聪明,"威威虎拍拍奔奔的头,"不过,这介绍信,你替我写,我签个名,怎么样?"

"我写?"奔奔疑惑地望着威威虎。

"很简单的。格式跟请假条、检讨书差不多，只是正文内容写清楚就是了。"威威虎笑着鼓励他。

奔奔想了想，说："好，我试试，错了，您再修改，可以吧?"

"行。我提醒你，你得以我的名义来写，知道吗?"

奔奔眨巴着眼睛，拿来笔就写了起来——

介绍信

严严虎老朋友:

您好!

小马奔奔是我们清风森林老马马马的儿子，今天我请他来您这儿借5只秒表，因为我们7月底要召开森林运动会。您放心，用好就还，谢谢!

清风森林威威虎

2015 年 7 月 10 日

威威虎向奔奔伸出大拇指："你真棒!谁说你写不好文章?去借吧。"

奔奔疑惑地望着威威虎："这怎么行?这是我的笔迹，严严虎不会借给我的。"

"哦——你真聪明!"威威虎拍拍奔奔的肩膀，连忙在奔奔写的介绍信上签了名，小马奔奔带着介绍信就走了。

威威虎见奔奔远去的背影，轻轻说了一句："可造之材啊……"

第二天，小马奔奔很早就赶到了葫芦森林，严严虎看了介绍信，望望小马奔奔，说："5只秒表借给你可以，不过，你得写借条。"

借条?奔奔心里"咯噔"一下:我可没写过借条……

见奔奔呆在那儿不动，严严虎笑笑："你不会写吗?不会写就不借。"

奔奔连忙说:"我写我写。"

他拿起笔，想:借条应该跟请假条、留言条、检讨书差不多吧。他想着，就写了起来——

借 条

今借到葫芦森林严严虎大王秒表5只，用好就还。

清风森林小马奔奔

2015 年 7 月 11 日

严严虎看了奔奔写的借条说："嘿，你还真会写借条，不过，'用好就还'这句不行，什么是'用好就还'，今年用了，明年你还要用，对吧？那都没用好，就不还了？这一定要写清楚。"

"这也太苛刻了吧？"奔奔望着严严虎，心里不痛快，"哪有这样子的？"

严严虎望着奔奔，笑笑说："奔奔啊，你不要认为我不近人情，借条上有的话不写清楚，要惹出大麻烦的，你知道吗？"

严严虎见奔奔摇了摇头，就说："还是举个例子吧！你们清风森林有名的狐狸狐狐大叔，向我们森林的梅花鹿鹿鹿老爷爷借了5000元钱，到现在还没还。鹿鹿老爷爷的老伴生病要住院，没钱，就去向狐狐大叔要回钱，可狐狐大叔就不还，鹿鹿老爷爷就拿起借条，狐狐大叔指着借条说：'我又不是不还，我现在没钱，有钱再还给你啊。'鹿鹿老爷爷看了看借条，上面写有这样的话：'今借到鹿鹿5000元，等有钱了再还'，鹿鹿老爷爷看着这位称兄道弟的好朋友，气得说不出一句话，没办法，还是去别人那儿借了钱，才把老伴送进医院治疗。6年了，狐狐还没把钱还给鹿鹿老爷爷，每次鹿鹿老爷爷去要，狐狐就说：'别急，我要还的，等我有钱吧。'瞧……所以，借条还是把归还时间写清楚为好。"

奔奔听了，想了想说："我也不知道运动会具体的结束时间，我把'用好就还'改成'今年运动会结束就归还'，怎么样？"

"嗯，这样子行。"严严虎摸摸奔奔的小脑袋说，"小家伙怪机灵的，怪不得威威虎派你来。"

"谢谢严严虎大王的夸奖。"奔奔拿着5只秒表，就急急忙忙赶回了清风森林。威威虎见了奔奔，很高兴，说："你的事情完成得很好，再奖励你一件事情，通知森林各村村长明天上午八点半到森林会议室召开大会，商讨运动大会事宜。"

可是，这次奔奔却没通知好，究竟是怎么回事呢？

通知不全差误事

奔奔到葫芦森林借来秒表，威威虎很高兴，奖励他去通知各村村长开会，奔奔特兴奋，心中却滋生出一丝丝的骄傲。他拿起笔和纸就随意写了几份通知，没有给威威虎看就盖了章，到各村去贴了。

然而，第二天一大早，虎虎就赶来叫奔奔："奔奔，我爸爸叫你快到他那儿去。"

奔奔急忙向威威虎家奔去。

威威虎一见到奔奔就问道："一大早，兔兔村村长就来问几点开会、到哪里开。你通知写清楚了吗？"

小马奔奔听了，也不清楚写了没有。虎虎撕了兔兔村的一张通知，他打开一看，只见上面是这么写的——

通　知

清风森林各村长：

明天召开村长会议，请各村村长准时参加。

威威虎（印章）
2015 年 10 月 17 日

奔奔一看，马上脸红了，说："大王，我错了!"

"这样吧，现在七点半，你跑得快，到西边各村去一个个通知，开会时间推迟半个小时，九点开始。虎虎，你去东边各村通知。"

清风森林的各村村长准时到了会议室开会，威威虎大王没有责怪奔奔，可是，奔奔心里却结了个疙瘩——看来，我写东西真是不行！

虎虎看出了他的心思，对他说："奔奔，不要泄气，这次你是太大意才没有把通知写好，其实，如果你用心的话，一定能写好的。"

"是吗？虎虎，你真是这么认为的吗？"奔奔望着虎虎说。

虎虎说："不行，你就把这一份通知重写看看。"

奔奔点点头，找来笔和纸写起来——

通　知

清风森林各村长：

明天上午八点半在清风森林会议室召开村长会议，请各村村长准时参加。

威威虎（印章）
2015 年 10 月 17 日

松松和虎虎看了奔奔写的，都说道："这不是很好吗?"

"威威虎大王虽然嘴上没有责怪我，可是……"

没等奔奔把话说完，松松就说："威威虎大王不会记你这小人的过错的。"

"你，你……你还开我玩笑！"奔奔生气了。

"你不要这样子，如果你心里还不踏实，我给你出一个好主意，保证威威虎又会对你有好印象。"

"什么主意？你快说。"

"你急什么？"松松认真地说，"每一年的运动会，都有许多运动员不高兴，因为有的比赛不是很公平，吵得威威虎很生气。针对这些，你要是写一份建议书，提出好的建议，把以往运动会中出现的矛盾都消解掉，威威虎看了，能不高兴吗？"

"嘿，你真是我的好朋友！"奔奔听了，高兴地跳了起来。

同学们，奔奔为了把建议书写好，会做些什么呢？他能把建议书写好吗？

积极申请志愿者

威威虎召开会议决定要成立运动会志愿服务队，奔奔当时就想："我怎样能成为其中的一员呢？"他把这想法告诉了松松和虎虎。

"这还不简单，写一份申请书不就得了！"松松说。

奔奔听了眼睛一亮：又是练笔的好机会！

"可是，怎么才能把申请书写好呢？"想到这，奔奔的眉头又皱了起来。

松松说："申请书也是应用文，也是标题、称呼、正文、结尾和落款这几部分内容啊。"

"当然，要把申请的理由写充分，语言要简洁，态度要谦虚、诚恳，这样才能取得别人的同意。"虎虎补充道，"结尾还要写上惯用语'特此申请''希望批准'等，也可用'此致''敬礼'等礼貌用语。"

"哦，我明白了。"奔奔脸上露出了笑容，拿起笔写起来——

申请书

尊敬的威威虎大王：

真是谢谢您，采纳了我提的建议，还要成立运动会志愿者组织。我特别兴奋，就想多为大家干一些事情，锻炼自己，所以申请加入志愿者组织，希望您能答应我。

　　此致

敬礼

小马奔奔

2015 年 7 月 18 日

　　威威虎大王看了奔奔的申请书，很高兴，就同意了奔奔的申请。奔奔如愿以偿地当上了运动会志愿者，而且被推选为志愿队队长。

　　森林运动会在威威虎大王的组织下如期召开，奔奔东奔西走，竭力为运动会服务，比赛会场没有以往的纷争，只有加油助威的呐喊声。运动会召开得非常圆满，闭幕式上，威威虎大王也特别兴奋，还专门点名表扬了小马奔奔，表扬他为运动会所做的努力和付出。大家都把大拇指伸向了奔奔。

　　运动会结束了，奔奔似乎一下子成长起来了，他内心涌动着一股热流，他想感谢威威虎大王，感谢松松等好朋友。怎么感谢呢？他想写一份感谢信……

孩子，天生的诗人
——我们孩子梯度写诗的故事

如节日一般，孩子们满脸欢笑，期盼着诗歌评比课的到来。他们翻看着自己得意的诗作，嘴里不停地吟咏着，有的还摇头晃脑……看着他们如痴如醉的神情，引导他们写诗的情景就一幕幕地出现在眼前——

"老师，我还会写诗？"
——触动：灵性之光偶然闪现

"老师，你看，月亮多像天空的一只大眼。"晚自习下课，张欣惊喜地对我说。

"是呀，怎么只有你最先发现？"我赞赏地对她说，"月亮是天空夜晚的眼睛。"

"太阳是天空白天的眼睛。"她停了一下又说，"咦，这两只眼睛怎么不同时出现在天空这张脸上？"

我让她用诗般的语言写下来。

"老师，我还会写诗？"她惊异地望着我。

"你把刚才的发现写下来就是诗。"

她听后就高兴地去写了这首小诗：太阳和月亮，是天空的两只大眼睛，白天睁一只，小鸟唱歌，小树舞蹈，小朋友欢笑，生活很美好；黑夜睁一只，有时圆有时弯，月光柔柔，万物甜甜入梦乡。咦，奇怪，天空这张脸怎么不同时出现两只大眼？

这首《两只大眼》还在《黄山晨刊》上发表了。这深深地触动了我：为何不指导他们写诗，引领他们走进诗的殿堂？

"老师，这就是写诗？"
——激励：在孩子的心里埋下诗的种子

秋游时，我问学生："谷穗为什么是弯弯的？"

方小青说："因为他在鞠躬。"多么具有灵性的回答！我向她竖起大拇指说："多美的诗句！"并进一步问她："他在向谁鞠躬？"

她激动地说："他在向大地鞠躬。"

我马上把她的话以诗句的形式写在纸上：谷穗弯弯，他在向大地鞠躬。

"还有不一样的想法吗？"

他们抢着回答：谷穗弯弯，他在和顽皮的风做游戏；谷穗弯弯，他在沉思，回忆春天的故事；谷穗弯弯，他在感谢农民伯伯，等待他们来收割……

此时此刻，我深深地感到孩子们灵性的翅膀在舒张，在飞翔。我陶醉了，感动了。

"老师，这就是写诗？"江敏的一句话问醒了我。

我急忙回答她说："对，你们每个人都是小诗人，把刚才说的话写下来，就是一首小诗了。"

他们听了，都睁开明亮的大眼睛好奇地问："是真的吗？"

"是呀，写出来还是很好的诗哩！"回到学校，他们拿笔认真地写起来。看着他们的专注样，我的心里别提有多激动！

"老师，您教我们写诗吧！"
——指导：让诗的种子萌动发芽

"老师，您说我们都是小诗人，就教我们写诗吧！"

听了他们的话，我心里为之一动：是呀，为什么不呢？于是，我改变已定的教学计划，挑选出春天的画面，让他们说。

他们抢着说：桃花开了，真美；柳树长出了嫩叶……

我连忙说："这样平铺直叙好像还不够美，没有描绘出春天的美丽和可爱。诗人的语言应该是很美的！"

"桃花笑了，笑得多欢，脸都笑得那么红。"王玉菲听了我的话说。

"多么富有诗意啊！"我表扬她，然后问道，"谁还能透过图看到什么，想到什么？"

姚淼说："柳树，在风中扭动着细腰。"

陈瑶说："竹笋钻出来，脑袋那么尖、那么黑！"

黄晓雯站起来说："青蛙唱起了歌，呱呱，呱呱，滚圆的肚子装满了欢笑。"

…… ……

我仿佛看到他们心灵的翅膀飞舞在春天明净的天空，是那么自由、舒展。我的内心也溢满了愉悦，问道："诗的语言跟平时的话有什么不同呢？"

他们又纷纷回答：要把事物当作人来写，这样好玩；可以把它们比作其他东西，这样有趣；要把它写得美美的，就是老师说的很美的语言，要想象，想得远远的，越奇特越好……

我及时总结道："是呀，同学们说得真好，写诗就这么简单，仔细观察，展开想象，采用拟人、比喻等手法，用美妙的语言写下来，会吗？"

"会！"他们响亮地回答。

我知道，我已经在他们的心里种下了诗的种子，而且在生根发芽。

"老师，让我们多写写诗吧！"
——熏陶：在诗的氛围中浸染

我知道，要让孩子们写出像样的诗儿，万里长征仅迈开第一步，还有好长的路要走。我进行了一番安排：一是每日有诗。每天早读课，抄一首简短的诗到黑板上，让他们在诵读课文的间隙看看想想。快下课时，我再引导读背。二是每周诗刊。在每周一刊的黑板报上，开辟"我是小诗人"专栏，专门刊出同学的诗作。三是每人有诗。让每个同学拿出自己最得意的一首诗，配上美丽的图画来布置教室。这样，学生走进教室，看到的、听到的、感受到的都是诗的图画、诗的声音、诗的气息，也就好像进了诗歌的花园，扑面而来的都是浓郁的诗味儿。

抄在黑板上的诗歌，就是他们仿写的最好范例。我每天都引导他们品读、感悟每首诗特有的诗意和写法，然后让他们仿照着去写。

"老人的脸上，有一条一条的皱纹，大海的脸上，也有一波一波的皱纹，大海是不是也老了呢？"同学们读这首《皱纹》时，我启发道，"这诗有'诗味儿'吗？'诗味儿'在哪呢？"

周翔说："把海的波浪想象成皱纹，这多有趣！"

洪洁眨巴眼睛，站起来说："老师，我可以仿写一首这样的小诗吗？"

"好啊！"我惊喜地对她说。

她轻轻地说："小女孩的脸，总是红扑扑的，十字路口的那盏灯，此时也是红扑扑的，她是不是也害羞呀？因为许多人都停在那儿，盯着她看。"

我连忙向她伸出大拇指，同学们都鼓起了掌。

这掌声刺激了平时就不服输的钱楠。她站起来说："老师，我也来一首。"

大家都把目光投向她，她笑了笑，不知怎么，脸红了起来："新娘结婚了，脸儿那么红润，太阳升起来时，脸色也是那么红，它是不是也要结婚了？"

她刚说完，大家都笑了，也都鼓起掌来。

读诗，仿写诗，他们感到不满足。"老师，上课也让我们多写写诗吧！"常有同学跑来跟我说。既然他们要求，我还能说什么呢？

下雨了，我让他们到细雨中去走走看看，用心感受，课堂上，投影出下雨时的各种美丽画面。孩子们想象的翅膀张开了。杨旭说："细雨是一根根银针，缝起一张细密的纱帘，将天与地相连。"姜晓说："雨淅淅沥沥下着，滴在水里，滴出一个个小酒窝，滴在荷叶上，给鸟儿泡上一杯杯绿茶……"洪敏说："下雨了，人们撑着伞走着，地上就跑动着彩色的蘑菇。"叶艳说："下雨了，伞一起跑出来了，伞是雨天的花朵。"……

下雪了，我让他们跑进纷纷扬扬的大雪里玩，课堂上，我就投影许多雪的图片，让他们写诗。一首首小诗如雪花般飘出来。

夏一昭的《雪星星》：天空这个大竹篮，装满了白花花的星星，咦，是谁不小心，打翻了竹篮，星星争先恐后地落下来，落下来……

胡叶敏的《雪》：雪是一个淘气的孩子，一会儿跑到这，一会儿跑到那，结果被冻住了，跑也跑不动，就哭了，还不敢哭出声，只好偷偷地落泪，滴答，滴答……

高楠的《飘落的雪》：天空是一位神奇的画师，平时不露真面目，悄悄地，他用千万只白色小手，把大地涂画成雪白色，一尘不染。

…… ……

"我的诗又要进诗集了！"
——收获：让诗的花朵尽情绽放

课堂上，我应同学们的要求，多让他们写写诗。课外，他们自己常常跑到我这儿来："老师，这是我写的诗，你看看，好吗？"看着他们抄写工工整整的小诗，虽然写得不怎么样，有的只有一句话，甚至句子还不通，但是我都要与他们一起读读改改，鼓励他们把改好的诗抄到诗集《小草的音符》里，而他们转身离去时都会高兴地说："我的诗又要进诗集了！"

每个学期开学，我都要买一本精美的笔记本，让他们把写的诗都抄到本里，写上姓名，并画上相应的图画。他们自豪地说："老师，我们的诗集有好多好多诗了。"他们课闲时常去翻看，几个人围在一起读着，七嘴八舌评议一番。每个周五的语文活动，我引导他们对一周以来的诗进行评议，选出本周的"写诗小明星"，他们就这么陶醉了，我也陶醉了，更深深地感悟到——

孩子，天生的诗人！

附：学生习作

云
□ 林文武

云哭了——哗啦啦
一滴滴泪落下来

云怒了——轰隆隆
一块块雹砸下来
云笑了——簌簌簌
摇落一树的梨花

太阳一家
□ 姜庭武

太阳是爸爸
月亮是妈妈
星星是儿子
太阳白天干活
月亮晚上干活
儿子白天休息
晚上，调皮的儿子
就跟妈妈捉迷藏

酒 窝
□ 石秋美

我们一笑
脸上就会露出小酒窝
下雨了
池塘里就有许多小酒窝
池塘是不是也笑了

山 溪

□ 鲍 敏

山溪
是大山的一条飘带
舞动在山腰
听，她还哼着欢乐的歌哩
哦，原来她还是——
原生态的歌唱家

害 羞

□ 洪 洁

小女孩的脸
总是红扑扑的
十字路口的那盏灯
此时也是红扑扑的
她是不是也害羞呀
因为许多人都停在那儿
盯着她看

云儿画画

□ 许 凯

天空
是云儿巨大的画布
白马乌兔随它涂抹

夜晚
星星眨着机灵的眼
在欣赏
月牙儿弯着嘴巴在笑

溪 水

□ 洪　娇

清澈的溪水
是克隆专家
树在你的面前
就克隆出同样的树
花开在你身边
就克隆出鲜艳的花
鸟飞来
你就克隆出鸟……
我跑过去看看
你就克隆一个我
我赶快跑开了
不然
你克隆的我
从水中跳出来
我该怎么办

>> # 编写专辑：发掘金矿促成长

——我们的专辑故事

　　我们平常的作文教学远离了学生的生活：搞一个活动写作文，那叫"活动作文"；去一次秋游写作文，那叫"游记作文"；演一个小品写作文，那叫"快乐作文"……这，不就是在学生巨大的生活金矿上种一个萝卜、种一把青菜？学生明明有着用之不尽的财宝，偏偏让他们苦巴巴地以卖萝卜、卖青菜为生？特级教师管建刚的这段话，解开了我多年来作文教学的困惑：我们组织了那么多的活动让学生写作文，通过一次次的训练，他们掌握了方法，作文应试的水平提升了，成绩也上去了。可是，离开了老师的活动与情境创设，他们不会主动拿笔去记录生活、反思生活！

　　我们不能只让学生种萝卜青菜，要让他们自己去发掘宝矿：从生活的河流中撷取浪花，谱写自己成长的乐章。

　　学生生活的金矿就在他们自己身上，我从他们天天待在一起的伙伴着手，引领他们走上了"专辑之路"——

序曲：未成曲调先有情

　　"同学们，我们一起学习了五年，熟悉了吧?"开学没几天，我问他们。他们都说很熟悉。当我让他们写出每个同学的姓名时，他们惊呆了：全写对的仅有两人！

"别人写错你的名字，你好受吗？"他们都摇摇头。

"你们太不把同学当回事了！要知道，我们是同在一个校园里学习生活的好伙伴，连姓名都写错，应该吗？"

他们都露出愧怍之色。

"为了弥补缺憾，本学年我们给每个同学出专辑。"

"出专辑？"他们脸上写满了迷惑。

"对，我们同写一个同学，然后装订成册，就成了专辑。"

"那不是一本书吗？"班长胡叶敏说，"这有意思，以后翻开看看，很有趣啊！"

"老师，什么时候开始啊？"急性子的程娇大声问。

"今天就开始，第一期专辑是——谁呢？"我故意拖长声调。

"我，我……"他们都举手喊起来。

开始很关键，这个人最好是活跃分子，有个性，好写；若是优秀生更好，能起激励作用。

当我说出"夏一昭"时，他们都喊着："好写，这个黑脸小个子。"

"周二、周三观察构思打草稿，周四交流修改，周五誊写，行吗？"

"行！"回答响亮齐整。

同写：激情自在不言中

周五，我把作文放在讲台上："同学们，这里39篇……"

话没说完，朱倩萍就插话了："老师，是38篇，您弄错了。"

"39篇，不信，问夏一昭吧。"

"教室里只有38个人？"夏一昭把"只有"两个字说得很重。

大家一下子明白了："老师，您也写了一篇？"

"对啊，我跟你们一起写，好吗？"

"好啊！"他们听了都很兴奋，"老师，您会怎么写我们啊？"

"老师，把您写夏一昭的作文读给我们听听吧。"性急的张健站起来。

"好。"我清清嗓子就读了——

夏一昭，有一招

貌不出众，个头矮小，脸色黝黑，眼睛却闪烁着灵动的光芒。他就是夏一昭。

"夏一昭，男生厕所你负责，要冲洗干净！"我招呼他。

"好的。"他声音响亮，目光中透出坚定。望着他跑去的身影，我不禁赞叹道：小家伙，真不错！

操场上十几个同学在排练节目《葡萄沟的笑声》，农民大叔扮演者就是夏一昭，他头戴草帽，锄草，喷药，捉虫……一举一动，像模像样。"……我在剪去多余的枝条，不可惜！你们想啊，太多的枝条挂满葡萄，还不拉断了……"他的声音厚实质朴，略有些沙哑，听起来就有老农的沧桑之感。想不到，他还演活了一个农民大叔的形象，真不容易！

有一天，我看到他满头大汗，气喘吁吁，一问才知道他刚训练回来。他这么矮小，竟是运动员，竟是代表中心学校参加全县小学生运动会的运动员！

"我们班上谁最聪明？"一次，我与他们谈心，他们不假思索地回答："夏一昭。"

我疑惑："怎么是他？"

"他最会解答数学难题。"

嘿，夏一昭，还真有一招！

我刚读完，教室里就响起了掌声，他们还议论起来：老师把夏一昭写得这么好，真是羡慕嫉妒恨啊；我也要好好表现，让老师把我写得比他还好；夏一昭，真有一招，让老师这么写你……

评选：你争我吵皆为文

"夏一昭，约几个伙伴，选出 5 篇优秀作文，按序排列，做个目录，周一交给我。"周五放学前，我叫住他。

"行！"回答依然干脆。

周日，电话响了，是夏一昭，他说唐晓、邵颖、杨柳青的作文，选的事例很独特，给他的触动很大，就是有些地方没写具体，他无法断定。

"写上修改建议，通知他们，修改誊写好，就追加为优秀作文。"

"这不就有 8 篇了？"

"多多益善啊，不是吗？"

"是是是，老师，我就按你说的去办了，太谢谢你了。"他高兴得连"再见"都没说就挂了电话。

周一，我刚进校园，彭建跑过来："胡晶晶写夏一昭好吃、暴躁、骄傲，专门挑刺的作文也能评优秀作文？"

夏一昭连忙说："胡晶晶写的事例真实、生动，我妈妈也说她这一篇最好。"

"你认为她写这篇文章的用意是什么？"我问彭建。

"告诫他不要好吃、急躁、骄傲，我感觉说人坏话不好，不过，被说的人都没意见，"他对夏一昭笑笑，"我还能说什么？"

此时，胡晶晶正好路过，彭建就说："恭喜你啊，又加 10 分了。"

"意料之外啊，我不知道这样写好不好，就试一次，如果是别人，我不敢写，夏一昭，我敢。"她说着，望望我，又望望夏一昭。

"怎么样？不是那个人，人家还不敢写，这需要勇气，容易吗？"我拍拍彭建的肩膀。彭建对我笑笑，走了。

彭建刚走，唐晓、邵颖、杨柳青三人就把修改誊写的作文交给了我，我说："夏一昭，你看看，达到要求就加 10 分。"

他们三人听了，都高兴地走了。

照相：我的封面我做主

"夏一昭，照相去了。"

他却满脸忧愁："他们都想跟我合影。"

"哦，你不想得罪人。"我对他笑笑，"就让那 8 个优秀作文的作者与你一起，怎么样？"

"好啊。老师真有办法！"他跑去叫那 8 个同学了。

照相，对现在的孩子来说并不稀罕，但老师给他们照，并以此来做专辑的封面，他们还真在乎呢！

老师要给我照相了，怎么照呢？选几个好伙伴一起照？不好，选不好得罪人，还是独自一人照吧。到哪儿照呢？坐在教室里看书？站在讲台上讲故事？不好……咦，一进校门右边有一片小竹林，我何不以竹子为背景来照呢？竹子，翠绿，虚心，有气节，对，明天就让老师这么照……

胡晶晶《老师要给我照封面相片》

瞧，就是这平平常常的照相，由于专辑的特殊意义，荡起了他们情感的涟漪，激起他们的深深思考。

交流：点点滴滴促成长

每出一个专辑，都会给他们的心灵进行一次洗礼。

读别人写自己的文章，会激起情感的涟漪：

……读了吕潇的文章，我很惭愧。他写了我的小气，那是春游时发生的：我们游玩了鲍家花园、牌坊群，回校上车时，我坐了一个位置，老师叫我点人数，我站起来时，吕潇抢了我的位置。我点好了，他对我说："我们同坐吧。"我不愿意。回想起来，真不应该。我要对吕潇说对不起，是我太自私了，我一定要改正的。谢谢他提醒我……

夏一昭《专辑伴我成长》

老师笔下的文字，更能冲击他们的内心。下午放学，我在办公室就听到了她们的谈话："老师把陈芳琼写得那么好，当作自己的女儿！我真羡慕啊。""陈芳琼学习好，人也好，大家都很喜欢她，你能做到吗？""我要好好表现，让老师对我刮目相看！"

文字的冲击力有时出乎我的意料：张老师，真想不到，您把我写得那么好，还把我当作您的女儿，我想到这就很激动，眼里就不由自主地溢出泪水——我太幸福了！我是天底下最幸运的人了！张老师，从来没有谁像您这么夸我、激励我，您就像那太阳，给我阳光，给我明亮，给我温暖，给我勇气！我无法用言语来表达我的感激之情，太谢谢您了，张老师，我会做得更好的，并一直坚持下去！

陈芳琼《谢谢您，张老师》

陈芳琼自从出了专辑之后，就像变了一个人，变得活泼，充满自信。

期中考试，她总分名列班级第二名，而在这之前她从没有进入班级前十名。

专辑，渗透到他们学习生活的点点滴滴。"哼，你这话只要骂出口，我就在你的专辑里写出来，让大家领教你的'语言美'！""看来，平时的事情得记下来，写的时候就有选择。""我有一个建议，这个星期六，我们到朱倩萍家去玩一趟，看看她在家的表现，到时可以把她写全面些。"……

我们的专辑，在编写着；专辑里的故事，在延续着……

附：学生习作

"臭美公子"

□ 徐丽君

"臭美公子"是我们私下对班上一位同学的称呼。

"臭美公子"长得有点儿胖，用他自己的话说："应该是壮啊。""臭美公子"爱穿黑色西装，我想也许他认为只有这样才能体现出他的帅吧！

"臭美公子"头脑灵活，学习也是蛮好的。他一有空就唱歌，唱歌时总想显出成熟男子的风度。有时他用很粗的声音大声吼道："大河向东流，天上的星星……"唱着唱着，又换成温柔的："爱到心破碎，也别去怪谁……"唱到高音时，他就双手握成拳头，昂起头，放开嗓门使出吃奶的劲儿叫着。实在唱不上去了，他把手搭在脖子上，故意干咳两声："谢谢，谢谢大家的掌声。"真臭美。

"臭美公子"的另一个爱好是跳舞。他走路身子一摆一摆的，像在跳舞。你瞧他的腿又不停地抖动着，皮鞋也随之发出啪啪声，还不时地变换着姿势，有时"金鸡独立"，有时"白鹤亮翅"，有时刚劲如硬汉，有时翩翩如少女……接着又把头一甩，还自以为很酷哩。他时常摆出一副自以为是的样子，说话像美国总统似的，真是臭美到家了。

看了这些，我想你一定觉得"臭美公子"是名副其实的吧。这个"臭美公子"就是既"讨人嫌"又惹人爱的——方林强。

➤➤ "哈，可以编剧本演小品喽！"

"喜欢看相声小品吧?"

"喜欢。"

"相声小品是根据什么来排演的?"

"剧本。"

"对，六一要到了，我们自己编剧本演小品，怎么样?"

"好!"声音响亮。

"怎么编剧本呢?"

同学们摇头。

"我们学过《半截蜡烛》，那就是剧本。看看剧本与其他文章的形式有什么不同?"

不一会儿，李洁芳最先回答："剧本的前面要先写清楚时间、地点、人物和布景，都是单独列出来的。"

"剧本主要写人物的语言，人物的对话都不用引号的。"快嘴子方正明抢着说。

"还有，"徐奥凯补充，"除了人物的语言，人物的动作、神态、心理等文字都要用括号括起来。"

"同学们真是聪明，一下子就把握了剧本的写作格式。根据这种形式，我们把杜牧的《清明》改写成古诗小短剧，好吗?"

"古诗改成剧本? 古诗小短剧?"

"就是把古诗按照剧本的形式改写出来。"说着，我在屏幕上投影出来。

"这还不简单?"他们嘴里嘀咕着，手上改写起来。

"写得对吗？"我又投影出改写的古诗小短剧——

时间：清明时节
地点：路上
人物：行人　牧童
布景：雨纷纷
行人：（欲断魂）借问酒家何处有？
牧童：（遥指）杏花村！

正确的请举手！唰唰唰，同学们大多数把手举了起来。简单吧？我们再看一篇有趣的短文《傻瓜》。孩子们都专注地读起来——

从前有个国王要谋士纳斯列津造一个宫廷傻瓜的名册。

纳斯列津想了一想，便在傻瓜名册上写上了国王的大名，随后呈给国王。

国王一看大怒，厉声问道："你凭什么说我是傻瓜？"

纳斯列津回答说："您让我造宫廷傻瓜名册，说明宫廷有很多傻瓜，而您却给他们高官厚禄，您就是傻瓜啊！"

"要是他们都是聪明的人呢？"国王问。

纳斯列津道："如果他们都是聪明的人，您却让我造傻瓜名册，把聪明人当傻瓜，您还不一样是傻瓜吗？"

国王气恼地说："如果我说宫廷里只有一个大傻瓜，这个傻瓜就是您呢？"

纳斯列津神色镇静地说："那您还是傻瓜，因为除了傻瓜，没有人会让傻瓜造傻瓜名册。"

国王气急败坏地怒吼道："我割掉您的舌头，看您还说什么？"

纳斯列津平静地回答："那您就是天底下最大的傻瓜，因为您杀掉对您忠心的大臣，以后没有人对您说真话了。"

国王无可奈何，只好放了纳斯列津。

"这文章有什么特点？"

"有趣。""对话比较多。""短文写了两个人的对话。""短文主要是通过语言来叙述故事。"

"那么，《傻瓜》这故事与剧本有哪些相通之处？"

"都是写人物的语言……"

"哦，老师，你是让我们把短文《傻瓜》改写成剧本吧！"机灵鬼汪崇俊突然站起来说。

"好吗？"

"好！这还不简单？"他们说着就拿笔写起来。

还没20分钟，他们就放下了笔，相互看看，比较比较，同桌交流修改不完善的地方。不一会儿，他们都露出满意的笑容。

"你们学会了剧本的习作方法了吗？"

"会了！"

"那今年六一节，我们班应该准备什么节目？"

"老师，我们举行一次相声小品大赛。"又是精灵鬼汪崇俊站了起来，语速很快。

"对！对！对！"点头赞同的许多。

"可是，你们有那么多的小剧本吗？"

"可以自己编写啊。"

"老师，我有个建议，"班长黄晓雯说，"举行六一相声小品大赛之前，我们进行一次编写剧本的比赛，从大家编写的剧本中选取优秀的来编排，然后比赛，这样好吗？"

"对对对……"又是一片赞成的声音。

"可是，你们能编写出剧本吗？"

吴丹大声说："能，只要我们平时仔细观察体会，多交流，肯定能写出许多好的剧本。"

"对！我们一定能！"

"有那么多内容吗？"

"有，师生误解的笑话，教室里的风波，同学间的趣事，课外活动的欢笑，'家庭学习会'的快乐……"

"生活处处是文章，人人时时在演戏，只要我们像吴丹说的那样仔细观察体会，就能写出优秀的剧本来。老师等着你们精彩的剧本！"

他们听了都摩拳擦掌，跃跃欲试——

"六一，我们可以编写剧本演小品喽！"

附：学生习作

傻瓜国王（独幕剧）

□ 吴 丹

时间：很久以前

地点：宫廷里

人物：国王，纳斯列津（谋士）

【布景：国王命令纳斯列津造一个傻瓜名册，纳斯列津想了想，在名册上写上了国王的大名，然后呈给国王】

国王：（大怒，厉声问道）你是说在宫廷里就一个傻瓜，那傻瓜就是我？

纳斯列津：（点点头）是的，你就是个傻瓜，因为你明明知道有许多傻瓜，还给他们高官厚禄，你不是傻瓜是什么？

国王：（脱口而出）如果他们都是聪明的人呢？

纳斯列津：（平静）那你还是傻瓜。你知道宫廷里没有傻瓜，都是聪明的，竟然还吩咐我造傻瓜名册，你说，你怎么不是傻瓜？

国王：（怒气冲天）我要说，如果宫廷里有一个傻瓜，那个傻瓜就是你了。

纳斯列津：（不慌不忙）你更是个大傻瓜。只有傻瓜才会让傻瓜去写傻瓜名册！

国王：（气急败坏）我要割了你的舌头，让你从此以后不能说话！

纳斯列津：（面不改色）那你就是天底下最大的傻瓜！你割了我的舌头就等于是毁了一个对你忠心的臣民，以后还会有谁对你说实话呢？你不成了天底下最大的傻瓜国王了吗？

（国王无奈，只好放了纳斯列津）

从"真实的废话"走向"真实的情感"

——引导学生修改习作例谈

　　人总是在不断改正错误中成长起来的，同样，学生的习作水平也是在不断修改中提升。语文教师该怎样有效地引导学生修改习作习得方法？我通过多年的实践，觉得抓住代表性习作组织讨论并修改，再比较感受，不失为一种有效的教学方法。

　　1. 精选习作。教师挑选学生的习作必须具有代表性，习作越具代表性，效果就越明显。

　　2. 交流修改。教师组织大家针对习作存在的毛病，畅所欲言，并提出具体的修改建议。让学生切实认识到习作存在的问题，并提出具体的修改建议，是教师引导学生修改习作奏效的关键。

　　3. 修改习作。小作者根据大家讨论交流的修改意见，结合自己的感受，对习作进行修改，必要时可以请几个同学帮忙。

　　4. 比较感悟。再一次讨论交流，比较修改稿和原稿，习得修改方法。
接下来我结合学生的习作谈谈做法与体会。

留恋屯溪老街
□ 吴冰冰

　　今天是国庆节，我去了屯溪老街，是爸爸妈妈带我去的，那里人山人海，还有外国人哩！店铺也很多，物品琳琅满目，让我看了眼花缭乱。

　　我和爸爸、弟弟一起去挑选平板电脑，妈妈挑选衣服。我们买好电脑，就去找妈妈，看她衣服挑选好没有，如果挑选好了，我们就一起去吃饭；如果没有挑选好，我们就帮她一起选，选好就去吃饭。

中午，我们去了肯德基，我们点了四个鸡腿、三个汉堡。为什么点三个呢？因为我不喜欢吃汉堡，不是我挑食，是我吃腻了。我们还点了薯条、可乐、冰淇淋、奶茶，一家人吃得可开心啦！

下午，我们开车到县城，爸妈给我买了双鞋子就回家了。

知道我为什么留恋这一天吗？因为我爸妈常年不在家，通常放假都是姑姑带我出去玩，爸妈很少这么带我出去，所以我要珍惜。

这是学生十一长假写的一篇作文，语句通顺，叙述清楚，真实地记录了国庆节一家人去屯溪老街的情景。这能算一篇优秀习作吗？我认为，如果是三四年级学生，就能列入其中；到了五六年级，就不能算。我就以这篇习作为例，引导他们讨论修改。

吴冰冰的作文处于中等偏上水平，我把作文投影出来，有几个同学都表扬她写得好：记了一天的生活，清楚；写了10月1日那天去屯溪，内容真实，也写得具体；一些词语用得恰当，比如人山人海、琳琅满目、眼花缭乱……

"有没有需要修改的地方呢？"我提醒道。

"题目是'留念屯溪老街'，可是作文中提到的是'留恋这一天'。题目不恰当。"王思晴指出来。

"吴冰冰，你写这篇文章的目的是什么呢？告诉大家吧。"

吴冰冰向来不拘谨，见我发问，站起来说："我爸妈常年不在家，这次爸妈回来，我和弟弟都很开心，我要记下跟爸爸妈妈在一起的快乐，想留住这美好的时光。"

"说得多好！留住这美好的时光，可见吴冰冰写这篇文章的目的不是留念屯溪老街，也不是仅仅写这一天的快乐，她要表达的是珍惜与爸妈相处的美好时光，她要记录与爸妈在一起的快乐和幸福，"我肯定了吴冰冰的话，然后话锋一转，"可是，我们再来看看作文，细细读读，你会有什么发现？"

"老师，我知道了。"杜昕妍忽然明白过来似的，"她写的都是真话，也很通顺，但是不能充分表达这快乐和留念的感情。"

我对她点点头："你能说具体些吗？"

杜昕妍对着投影的作文说："'我们买好电脑，就去找妈妈，看她衣服挑选好没有，如果挑选好了，我们就一起去吃饭；如果没有挑选好，我们就帮她一起选，选好就去吃饭。'这段话不能表现他们一家人的快乐。"

许多同学受到了启发，都举了手，我让吴冰冰自己谈谈感受，她说："我也知道了，作文写了许多没用的话，像写吃饭那些话，刚刚杜昕妍说的买衣服的那段话，都不能表现爸妈对我们的关心，也不能体现我们对爸妈的留恋。"

"这些话不是老师说过的'真实的废话'吗?"方杰站起来说，还望着吴冰冰笑。

"方杰说得对，这篇作文吴冰冰确实写了许多不能表达内心感受的语句，写了一些'真实的废话'，但是，我们得感谢吴冰冰，是她的作文让我们知道写作文不仅仅要写真话，更重要的是要写那些能表达自己感情的真话。大家明白吗?"

他们听了都点了点头。

我继续引导："那这篇作文该怎么修改呢?"

他们议论开了，纷纷提出看法：写出与爸爸妈妈在一起的快乐情景；要通过一些语言和动作来写出爸爸妈妈的关爱；可以通过自己的心理活动来写自己对父母的留恋……

听了大家的建议，吴冰冰说："我知道怎么修改了。"

第二天，我让她把作文读给大家听——

留恋爸妈
□ 吴冰冰

爸妈常年在外地打工，很少回家。听说他们国庆长假要回家，我和弟弟都盼着快放假。

国庆节前一天，爸妈真的回来了，他们带来许多好吃的。我抱住妈妈说："妈妈真好!"

妈妈望望我和弟弟，问道："冰冰，瑞瑞，妈妈回来了，高不高兴啊?"

"高兴，非常高兴!"我和弟弟异口同声地回答。

"妈妈要带你们玩个痛快!"妈妈笑着说。

"我爱你，妈妈!"我凑近妈妈耳边轻轻地说。弟弟见了，在妈妈脸上亲了一口。

爸爸见了，说："冰冰，瑞瑞，我也喜欢你们，也要带你们去玩。"

"爸爸，你是天底下最好的爸爸。"弟弟拍着手说。我连忙接着说："对对对，弟弟这句话说得最对了。"

爸爸听了，双手围抱着我和弟弟说："只要你们听话，爸爸会答应你们的许多要求。"

"爸爸妈妈万岁！"弟弟高兴地蹦跳起来。

哈，这几天爸爸妈妈真的带我们去玩了，去外婆家摘橘子，去动物园游玩，到屯溪逛商场，给我们买了平板电脑、溜冰鞋，吃了许多新鲜的玩意儿……

时间过得真快，他们又要走了，晚上，我跑到爸妈的床上，躺了下来。

妈妈望望我，好像有许多话要说，却又不知怎么说，好几次张口都没说出来。"冰冰，爸爸妈妈明天要走了……"爸爸走过来说了一句，停住了。我连忙用被子捂住头，爸妈又不在身边了……想到这，我眼泪流出来了。

不一会儿，妈妈拍拍我说："爸爸妈妈都舍不得你们，可是我们要出去挣钱，过年就回来。"

妈妈说着也进了被窝，抱住我："今天，爸爸陪你弟弟睡，我陪你睡。"我听了紧紧地靠着妈妈——躺在妈妈的怀里多温暖、多幸福！

第二天，爸妈走了。我真想他们，盼望着早点过年，过年就可以见到爸妈，感受爸妈的温暖……

读完作文，吴冰冰脸上挂着泪水，同学们都鼓起了掌。

"为什么鼓掌？"我问道。

"吴冰冰的作文写得真实感人，听了她的作文我能感受到她的伤感。"吴冰冰的好朋友潘秋娟望着吴冰冰说。

"这次吴冰冰选择了两个内容来写，一是爸爸妈妈回家的情景，二是他们要离开的情景，通过对话，写出了一家人在一起的快乐时光和不忍分开的情景。这篇作文没有'真实的废话'，比第一篇好多了，我听了都有想哭的感觉。"郑甜甜慢条斯理地说。

"你们听了都有所感动，为什么呢？"我不想放过这么好的引导机会。

方杰望望吴冰冰说："她的作文改得好，删掉了'真实的废话'，抓住一家人生活感人的场景来写，语言、神态等都写得具体生动，所以感人。"

王思晴总喜欢分析写法："吴冰冰这篇作文，前部分主要写爸爸妈妈回家后我们的快乐，后部分主要写爸爸妈妈离开时我们的不舍，前后一对比，就能感受到爸爸妈妈不在身边的伤感和痛苦。"

"是的，同学们回答得很好！"我总结道，"吴冰冰修改的作文真不错，因为她选取了真实感人的场景来写，没有了废话，紧紧抓住最想表达的留恋之情，写出相见的快乐和分别的伤心，这样前后对比，更好地表达了这种留念之情。选择代表性的内容，抓住真情来写，自然就没有废话，于是她成功了，不仅感动了自己，也感动了别人。吴冰冰修改的作文，提升了一个层次：从'真实的废话'走向了'真实的情感'，也就是从'真话'提升到了'真情'，大家懂吗?"

他们都点了点头。

我知道，他们虽然都点了头，但并不完全懂得真情的内涵。然而，他们懂得了怎样选取内容来表达真情，这就足够了。他们读书作文的路还很长很长，渐渐的，通过阅读和写作，就会一层层揭开"如何表达真情"的面纱，领悟"表达真情"的真正内涵。

>>> 让孩子先记记 "流水账"

"这样一件一件简单记事，你当作文是记账啊！"

"写这么多事，没一个重点，记流水账有什么意思？"

…… ……

老师和家长经常这么评价孩子的作文，然而，他们为什么要记流水账？这值得深思。

我们知道，一二年级是写话练习，到三年级才开始习作，而责任心很强的语文教师和不想让孩子输在起跑线上的家长，在一二年级就要求孩子写作文，就要求他们"写出重点""把内容写具体"……这样的早起步高标准，给孩子带来的是什么呢？他们感到写不好作文，写作文很难，因而害怕写作文，对写作文丧失信心。试想：对写作文没了信心、没了兴趣，还能写出重点、写具体吗？

那么，我们怎样才能让学生的作文不记流水账呢？我的做法是——

先让孩子记记流水账！

一接手三年级，我就要求他们写日记，记下一天的事情："我们每天记下看到的听到的想到的事情，好吗？"

他们就问：一件事情要写几句话啊？要写多少字啊？……

"只要把事情写清楚、把句子写通顺了就行，写多少字无所谓。"

他们听了，感到有点奇怪，就问道："那要记几件事呢？"

"一天发生的事情肯定很多，当然是写得越多越好啦。"我还告诉他们，"一件事写一段，每段空两格，并标上事情的序号。我们来看看，谁写得多、写得好!"

于是,他们就记下当天发生的事情,什么"我作业粗心错了,妈妈没骂我,我赶紧订正了""今天我上学没有迟到,王雅婷迟到了""今天,我回答对了一个问题,老师表扬我,我很高兴""爸爸又抽烟了,妈妈跟他吵架了,我很伤心",等等。

这样练习了一段时间,他们就感到厌烦了,有好几个同学还跑来对我说:"老师,每天记的事情这么多,没多大意思,还不如少记一些,把有意思的事儿多写些,不是更好吗?"我听了很高兴,这就是我要的效果——经历记流水账的无趣,从而放弃记流水账。于是,我就把他们的意见拿到班上让大家讨论,他们都纷纷点头赞同:是呀,记这么多事,没意思,还是选有意思的来写好。

"一天那么多的事儿,该怎么选呢?"我启发道。

他们讨论起来,可都没有具体的方法,我就告诉他们:可以随时用一句话记下值得一写的事情,到晚上再细细写;或者写之前在草稿本上,像以前一样用关键的词语一一列出事情,然后从中选取想写的事儿。

他们听了,脸上都露出笑容:按老师的方法,一定能选取有意思的事儿来写。

"可是,"有同学突然问道,"就写一件事,能写够三年级要求的字数吗?"

他们面面相觑。见他们毫无信心的样子,我笑了笑说:"这简单,只要按老师的方法去做,肯定能达到字数要求。"

他们都纷纷问道:"什么方法?快说啊。"

瞧他们急切的样子,我又笑笑:"这方法就是——放电影。所谓放电影,就是闭上眼睛,将要写的事情在眼前像放电影一样'放映'一遍,那些感兴趣的情景慢慢'放映',多'放映'几遍,然后写下来,就能写生动、写具体。"

"哦,放电影,有趣!"他们都点着头说道。

之后,他们每天就写一件事,明显比以前写得生动有趣多了,当然有写得不满意的,我就一一指出:此处人物的语言、动作、表情、心理或当时的环境等,是个"慢镜头",该慢慢"放映"细细描写,然后让他们补充修改。这样逐步引导,他们写事情就不再记流水账了。

　　"将欲废之，必固兴之。"大哲学家老子这句话的意思就是：要想让人废弃它，必须暂且抬举它。我故意让学生记记流水账这类似"经历教育"的目的，就是让他们"经一事而长一智"。如今，要是有谁的作文重点写得不那么突出，他们就会嗤之以鼻——

　　"几年级啦？还记流水账！"

镜子·蜡烛·故事

"把一支蜡烛点燃,放在一面镜子前,镜子里有多少支蜡烛?"快放学了,我问学生。

"一支。"

"如果把这点燃的蜡烛放在平行的两面镜子中间,镜子里能看到多少支蜡烛?"

回答五花八门:一支;不对,是二支;四支;八支……孩子们争着吵着。我说:"到底有几支,回家做做实验不就知道了?今晚的作业,就是这个实验,仔细观察,看看有什么现象,好吗?"

"好。"同学们愉快地答应着。

"镜子里有多少蜡烛?"第二天的课堂上,我的话没说完,大家就说开了:许许多多;数不清;无数支蜡烛……

"那你们看到什么现象了?"

回答争先恐后:"刚开始实验时,两面镜子没摆平,只看见一支蜡烛,后来我摆平了,哈,那么多蜡烛,一根接着一根站在那儿,像排队似的,数都数不过来,太有趣了!"

"哈,真是神奇,镜子里出现的那一排烛光,如同笔直公路上亮着的路灯,根本数不清。"

"镜子里的烛光就像一排精神抖擞的战士,拿着火把站着,整装待发。"

"也许是我看得太专注了,我呼出的气吹到了蜡烛,镜子里的烛光便舞动起来,真如漂亮的舞女手拿红丝巾翩翩起舞。"

…… ……

叶学东突然问道："老师，本来只有一支蜡烛，为什么镜子里有这么多蜡烛呢？我问妈妈，妈妈说不知道。"

"是啊，为什么有那么多蜡烛呢？"

大家寻思着，你望望我，我望望你。

"咦，我想起来了，"汪星宇突然站起来说，"那次剃头，我看到镜子里有许许多多个我，吓了一跳，我还以为那是面魔镜，问了理发师，他说，那是光的反射。我想，镜中有无数支蜡烛也是光的反射，因为剃好头我发现对面墙上也有镜子。老师，什么是反射？我到现在还不懂。"

"汪星宇善于观察、思考和联想，很好。他刚才说得很对，产生无数支蜡烛的原因就是反射。反射是怎么回事呢？"我故意不回答，而是接着问他们，"你们谁知道？"

好一会儿，我才告诉他们："是这么一回事，本来一支蜡烛映在镜子里，镜子里的蜡烛就映射到对面的镜子中，对面镜子中的蜡烛又映射回来，这样相互反射，就产生无数支蜡烛了。"

"哦，原来是这样！"他们恍然大悟，"我们怎么想不到呢？"

学习委员朱芳站起来："老师，这个发现太有趣了，我们要把它写下来。"

"好啊，你们做了实验，有观察有思考，有感受有发现，应该怎样来写呢？"

"首先要写为什么要做这个实验，"课代表姚新华说，"就像老师问我们那样，可以用一个问句开头。"

"也可以先写同学的争论，然后抛出问题。"

"接下来可以写自己动手实验的过程。""小作家"洪洁说，"为了把过程写生动，可以写实验中自己的猜想，写发现事情真相时激动的心情。"

"就像讲故事一样，从老师发问写起，写自己探索的过程，一直写到揭开谜底。"

"大家讲得不错，不过还有一点需要提醒，好题一半文，你们根据所写的内容一定要给文章拟一个好的题目。"

内容有了，拟个题目并不是难事。孩子们拟的题目真不错，我在批改时发现有"会变魔术的镜子""一个蜡烛排起了队""夫妻镜子生蜡烛""哦，原来是这样"等。

让习作陪孩子快乐成长

写作文，是一项复杂的脑力劳动，学生或多或少都有所惧怕。如何让刚刚接触作文的三年级孩子喜欢作文？如何让习作陪孩子快乐成长？我们努力着，尝试着——

"哈，写作文原来这么简单！"

"'当，当当！当，当当！'大青树上的钟声敲响了。"

读过《我们的民族小学》中的句子后，我问道："你们会写这样的句子吗？"他们都疑惑地望着我，"前面是描写声音的词，后面说是什么声音，会吗？"

"这简单。""这不是小菜一碟？"……他们说着就拿起笔写了起来。

"读出你写的句子。"

我的话刚说完，杜昕妍就抢先："'呜，呜呜——呜，呜呜——'我的表妹张开嘴巴哭出声来。"

郑甜甜不甘示弱："'哗，哗哗！哗，哗哗！'外面下大雨的声音传了进来。"

杨湘玮更是等不及了："'噼里啪啦，噼里啪啦……'鞭炮声响个不停。"

他们都争着要读，我说："对你们来说，这太简单，我们来点难的，行吗？"

"行！"回答响亮。

"我们把话说清楚些。比如，杜昕妍表妹哭了，旁边的人会怎么样？外面的雨声传进来，屋里的人有什么反应？这样接着写几句，难吗？"

"不难！""太简单了！"……

没一会儿江芳媛就站起来："'轰隆隆，轰隆隆……'雷声从天上炸下来。我在一棵大树下看蚂蚁，被这雷声吓了一大跳。看看天，黑云布满天空，是要下雨了吗？我赶紧跑回家，这时，一位老爷爷叫着：'要下雨喽，快收衣服啊！'"

我问："江芳媛写得好吗？"

"好！"他们异口同声。

"好"的声音还没停下来，汪群蕾就站起来："哈哈哈……教室里传出同学们的笑声。大家怎么这么高兴？原来，我们班的开心果叶淑婷讲了一个笑话，大家都笑了。什么笑话？我不告诉你。"

"嘿，她还卖个关子，如果把笑话的内容写出来，这作文就更长更有味道了。"我说着向汪群蕾伸出大拇指。

"什么？老师，你说这是作文？"张锦国站起来问道。

"是啊。"我肯定地说。

"啊，这就是作文！"他们望着我，似乎很惊讶。

"这样吧，你们把刚才写的改改，誊到作义本上，就是今天的作业——第一篇作文可要认真哦。"

"好啊！"回答响亮齐整。

这次作文，我都打了95分以上。紧接着学过课文《金色的草地》《爬天都峰》《槐乡的孩子》等，我都引导他们练写作文，他们看到九十多的高分，都纷纷说道："哈，写作文原来这么简单！"

"嘻嘻，作文是我们的宝宝！"

"你们的作文宝宝几岁了？"我一走进教室就问。

他们听了，都惊讶了："作文是我们的宝宝？还有岁数？"

"你们的作文，是不是你们脑海里'生'出来的？"我重点强调了个"生"字，"既然是的，那作文不就是你们的宝宝吗？"

"有趣，嘻嘻，作文是我们的宝宝！"江国航回头对王思晴说。

"可是，"姚寒枫站起来问，"作文宝宝的岁数该怎么算呢？"

"你的作文誊到作文本上是几行就是几岁。"我话还没说完，他们都急着翻开作文本——

"唉，我的宝宝4岁了。"

"我的第一个宝宝5岁，其他的都是6岁。"

"我的作文宝宝都6岁了。"

…… ……

之后的作文，他们都会拿起作文本交流："10岁了？我只有8岁，下一次我一定写12岁，超过你。""我写爸爸妈妈带我到城里去玩，至少能写10行。""我写那一次与你吵架，写对话，至少14岁，比你还多……"

瞧，为作文的岁数，他们在较着劲。

"开始写电影喽！"

仿写句子不是很难，可写命题作文，对三年级的孩子来说，还是有难度的。书上的第一篇习作要求写课余生活，为了引导他们写好这次作文，我做了充分的准备：课余时间与他们一起玩，玩出情趣和故事；多与他们聊聊课余生活，聊出快乐和苦恼。

"同学们，你们喜欢看电影吗？"

他们都大声回答："喜欢。"

"今天我们来放电影。"

"放电影？怎么放？"

"这不简单！请闭上眼睛，将你最有情趣的课余生活情境，在脑海里像放电影一样'放映'出来。"

他们都闭上眼，不一会儿，脸上都露出笑容。"我们来说说'放映'的电影。"我压低声音。

"我先说，"杜昕妍站了起来，"我刚才'放映'了两个镜头，都是我画画的：第一个镜头是张老师看见我课外活动在画画，表扬我画得好，指出哪些地方怎么画会更好；第二个镜头是我画了一幅梅花图，同学们对着画议论纷纷。"

"杜昕妍课余生活的两个镜头都是画画，如果把镜头中你的画描绘出来、人们怎么评价的话说出来，是不是更清楚了？"我评价道。

"老师，我刚才'放映'的时候有啊。"她好像不服气。

"我们说电影，说得越具体越清楚越好，知道吗？"

"知道，老师，我'放映'的是你与我们一起跳绳的情景。"王宁说。

"那你具体说说跳绳的镜头吧。"

"那一次，我们几个女生在跳绳，张老师说：'我也来一个。'我们听了，都很高兴，说：'好啊。'先是王尘莹和叶刚甩绳子，我第一个冲进去跳，张老师紧跟着一起跳。我跳着，张老师一边跳一边背古诗：床前明月光，疑是地上霜。举头望明月，低头思故乡。我们也一起跟着背了起来：篱落疏疏一径深……"

王宁的话没说完，吴红蕾就站起来说了："她这样子说，还要说到什么时候？那一次我也在，我们感到张老师跳绳很厉害，我们都要和他比赛，结果，许多人都输了。我'放映'的就是我们和老师比赛跳绳的情景。"

…… ……

"同学们，刚才我们都'放映'了电影。我们把刚才'放映'的电影写下来，就是很好的作文，知道吗？"

"老师，你是说，写作文就是写电影？"章华彬满脸笑容。

"对啊。"

"开始写电影喽！"吴方翔摇着笔说。他的话说完，教室里就只有沙沙沙的写字声……

"快让我的宝宝康复出院！"

"作文宝宝生病了怎么办？"

"这还用说，"胡文斌望着我，"看医生啊。"

"可是，"王尘莹问，"谁是医生呢？"

"你们自己啊。"我告诉他们，"你们就当医生吧。"

"我们是医生喽。"他们说着，就开始读作文、改作文。

"你这句话怎么没有头？"方杰对江国航说。

我凑过去说："他的宝宝是得了'无头病'，赶快补上头，不然，要断气的。"江国航听了连忙动笔。

汪群蕾对吴珍珍说："大家听了他的话，都哈哈哈大笑，有的笑得都滚到地上了，可是，说的是什么话？我们都不知道。这句话应该写出来吧。"我也凑过去说："该说的话不说，是得了'哑巴病'。嘿，你的宝宝要是哑巴了，你有责任哦！"吴珍珍赶紧从汪群蕾那抢过作文本，补充起来。

"老师，他给我的宝宝开错药了！"忽然，姚寒枫说，"你看这句话：'我的课余生活有许多，打球、跳绳、看课外书，都是我的最爱……'周永星却给补充了药。"我一看，周永星在"有许多"后面加了"丰富多彩""多种多样"，显得啰唆。我说："你的宝宝本无病，却给治成病了——得了'老太婆的啰唆病'。"

哈哈哈，同学们听了都笑起来。

"同学们，我们不能当庸医，一定要看准病才对症下药，不然，没病却治出病来多不好。"

"是啊，是啊，我一定要多看看，找准作文宝宝的疾病，然后对症下药，让他们都健健康康的。"周永星站起来说。

"同学们，我们刚才都是在作文草稿本上修改——这是在医院里医治，我们改好后认真誊写到作文本上，宝宝就康复出院了。这是多么令人高兴的事！你们想让作文宝宝及早康复出院吗？"

"快让我的宝宝康复出院！"他们嘴里嘀咕着，都认真修改誊写起来……

看着他们的认真劲儿，我的内心涌动着一股莫名的感动和自信——

妙哉，作文在陪着他们渐渐长大！

带着句子去旅游

"嘿，带着句子去旅游，好玩！""怎么带句子去旅游？""带句子到哪里去旅游？"……

课件一出示，同学们就议论起来。我要的就是这效果，引起他们的好奇心。

"我们去旅游，都要打扮一下，旅游时可以照相臭美一番，对吧？那带去旅游的句子，是不是也该打扮打扮？"我边说边出示句子：草地上冒出野花。

孩子的脑子很灵活。小雪说："张老师，扩句呀，句子不就美了？"

"真聪明！"我向她伸出大拇指，"哪几个词语可以添加修饰语呢？怎么添加？"他们七嘴八舌说起来，我按顺序一一引导——

① （　　　）草地上冒出野花。

② 草地上冒出（　　　）野花。

③ 草地上（　　　）冒出野花。

我对他们扩写的句子加以肯定。为了做示例，我出示——

> 绿茵茵的草地上争先恐后地冒出一朵朵五颜六色散发出淡淡清香的野花。

"我们说话写文章句子都不要太长，因为太长读起来吃力，所以要用标点将扩写的长句子分成短小的语句。那怎么断呢？"我引导他们演示起来——

绿茵茵的草地上 ⟹ 草地，绿茵茵的

"那'一朵朵五颜六色散发出淡淡清香的野花'该怎么断呢?"

小萱眨巴着眼睛,慢条斯理地说:"野花,一朵朵的,五颜六色,散发出淡淡的清香。"

"好了,我们可以把句子断成这样子。"我说着出示——

> 草地,绿茵茵的,争先恐后地冒出野花。野花,一朵朵的,五颜六色,散发出淡淡的清香。

"这样装扮句子是美了一些,能不能打扮得更美呢?"我启发道,"比如,野花一朵朵的,可以说成'野花真多,这儿一朵,那儿一朵'。"

"老师,就是把句子再写清楚些,对吧?"小果眼睛一转,说,"五颜六色,可以写成'红的,黄的,紫的,白的……五颜六色,真是美极了'。"

小欣不甘示弱:"'争先恐后地冒出野花'可以说成'野花,你不让我,我不让你,争先恐后地冒出来'。"

我称赞道:"真不错!"可是,没人接下去了,我提醒道:"花香在什么情况下更容易散发出来? 闻到花香……"

我的话未完,小畅一下站起来说:"一阵风吹来,野花散发出淡淡的清香,吸引一只只蜜蜂和蝴蝶,在这里翩翩飞舞。"

小琪还没等小畅坐下去,就说:"还可以接下去:此情此景,真让人心旷神怡,流连忘返。"

他们说的句子我快速打出来并投影出示——

> 草地,绿茵茵的。草地上的野花,你不让我,我不让你,争先恐后地冒出来,这儿一朵,那儿一朵,红的,黄的,紫的,白的……五颜六色,真是美极了。一阵风吹来,野花散发出淡淡的清香,吸引一只只蜜蜂和蝴蝶,在这里翩翩飞舞,此情此景,真让人心旷神怡,流连忘返。

"老师,第二句'草地上的野花'与其他字不是一种颜色,是提醒我们是加上去的吧?"眼尖的小伍问道。

"这还用问?"小君抢话了,"前面'草地,绿茵茵的'打了句号,这里就要加上去,不然句子就不通了。老师,我说得对吧?"

"嗯,你们两个真棒,一个善于发现,善于提问;另一个善于思考,善于解答。"我表扬他们之后提醒道,"美化的句子连起来时,一定要注意句与句之间的衔接，添加一些必要的语词，使语句通顺流畅。"

"张老师，将七个字的句子打扮成这样，可以去旅游了吧？"

"当然可以去喽。"我笑笑，"不过，这是我们大家一起打扮的句子，我们来总结一下打扮句子三步曲——"我说着就引导他们一一出示——

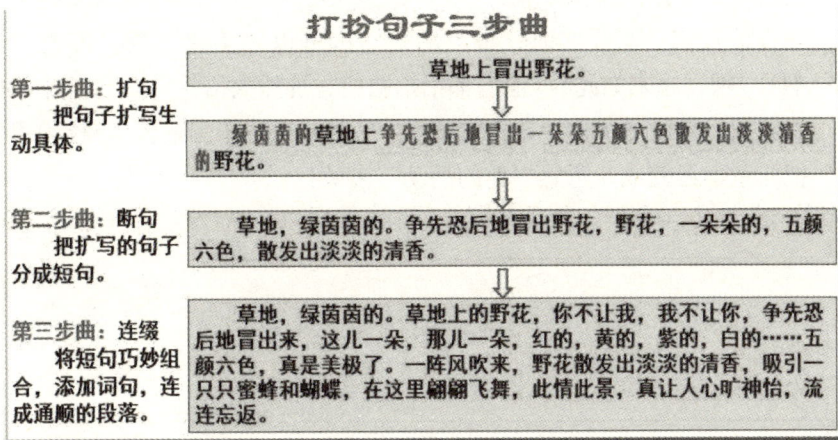

打扮句子三步曲

第一步曲：扩句 把句子扩写生动具体。	草地上冒出野花。 ⇓ 绿茵茵的草地上争先恐后地冒出一朵朵五颜六色散发出淡淡清香的野花。
第二步曲：断句 把扩写的句子分成短句。	⇓ 草地，绿茵茵的。争先恐后地冒出野花，野花，一朵朵，五颜六色，散发出淡淡的清香。
第三步曲：连缀 将短句巧妙组合，添加词句，连成通顺的段落。	⇓ 草地，绿茵茵的。草地上的野花，你不让我，我不让你，争先恐后地冒出来，这儿一朵，那儿一朵，红的、黄的、紫的、白的……五颜六色，真是美极了。一阵风吹来，野花散发出淡淡的清香，吸引一只只蜜蜂和蝴蝶，在这里翩翩飞舞，此情此景，真让人心旷神怡，流连忘返。

"你们能独自打扮句子去旅游吗？"我问道。

他们纷纷说道："这有何难？""还不是小菜一碟！"……

于是，我出示三个句子供他们选用：①荷叶上滚动着露珠；②天空飘着白云；③水里游动着小鱼。

当然，写自己喜欢的句子也行。他们想了一会儿就提笔写起来，此时，教室里就只有沙沙沙的写字声。我边走边看，不禁欣喜——

小雪这么装扮"荷叶上滚动着露珠"：荷叶绿绿的，大大的，圆圆的，滚动着水珠儿。这水珠儿，那么晶莹，那么透亮，就像一颗颗惹人喜爱的珍珠，圆溜溜的，一会儿溜过来，一会儿滑过去，就像是一个顽皮的小淘气在玩着滑滑梯，还不知道停下来呢。

小萱这么装扮"天空飘着白云"：天空，碧蓝如洗，飘着一朵朵白云，那白云，慢悠悠飘着，那么纯净，那么洁白，看上去松软软的，就像吃在嘴里甜丝丝的棉花糖，让人见了忍不住想咬上几口哩。

小果这么装扮"蝴蝶在飞舞"：蝴蝶在花丛中飞舞，那么自由，那么快活，这儿一只，那儿又飞来一只，那么美丽，那么迷人，就像翩翩起舞的仙女，让人看了舍不得眨眼。

…… ……

　　他们打扮好句子就放下笔高兴地喊："带句子去旅游喽！"脸上写满了兴奋与激动。我都给他们大大的五角星以示鼓励，并让他们把句子抄写起来贴到"学习园地"的"旅游去喽！"专栏。

　　之后，许多孩子跑来问我："老师，哪天再让我们带句子去旅游呀？"

　　我告诉他们，写作文时，重点的语句都可以"美化"啊，带去"旅游"啊！"哦，原来如此！"他们都拍拍脑门，恍然大悟。

　　瞧着他们期盼的神情，我不禁感慨："把儿童看作儿童。"卢梭说得多好，把儿童学习变成儿童感兴趣的活动，多妙！

⟫⟫ 诗情同雪花共舞

"雪，美丽纯洁的天使，幸福快乐的精灵，大家都喜欢。现在我们来下一场雪，好吗？"

上到"轻叩诗歌的大门"，我想丰富孩子们的语言积累，让他们进一步感受古诗词的美妙，就精心选择了他们感兴趣的有关雪的古诗句来品读欣赏。本想下雪天来上，可老天不作美，就是不下。

同学们一听到"雪"，都来了精神，睁大眼睛，满脸的欣喜、惊讶、焦急："雪？下雪？怎么下？"

"请闭上眼，让雪花一片片在眼前纷飞，"我的话语缓慢、神秘，"并用贴切的语言描述出来。"

闭眼，微笑，想象，唇儿嚅动：雪花纷纷扬扬；像棉花飞舞；像千百只白蝴蝶在飞；是谁在天空撒石灰；是老天爷在筛盐……

盐？我忽然想起刘义庆《世说新语》里谢道韫的妙语，就讲起故事——东晋一长者问：白雪纷纷何所拟？一孩儿答曰：撒盐空中差可拟；另一孩儿答曰：未若柳絮因风起。说着，两诗句也就在黑板上出现了。"哪一句说得精彩？"同学们议论开了：撒盐有趣，可盐是一粒一粒的，像雪珠子一样，并不是白雪纷纷的情态；风中柳絮舞动更像雪花飞舞；柳絮因风飘舞似乎有了灵性，读来更有诗意……

"不错，其中有一句是大才女谢道韫说的，你们肯定知晓是哪一句！"我告诉他们紧接在下面的内容，"我们继续品读雪的古诗句，让雪花飘舞起来。"

"好啊！"在欢快的应答声里，屏幕上的背景是雪花在飞舞，随即就"渐变"出诗句——

长空雪乱飞，改尽江山旧。

仰面观太虚，疑是玉龙斗。

纷纷鳞甲飞，顷刻遍宇宙。

这是刘备"顾"诸葛亮之茅庐时，遇见黄承彦骑着驴在小桥上吟诵的小诗。

"'太虚'是什么意思？'仰面观'的只有是天空，'太虚'就是天空的意思。'玉龙斗'就是想象天空中的玉龙在搏斗，而落下的雪花就是拼斗战碎的鳞甲。"语文课代表朱芳解释起来慢条斯理。

我对她微笑、赞许，大拇指伸了过去，随即佩服、羡慕的目光涌向她。

"'战罢玉龙三百万，败鳞残甲满天飞'描绘的就是这首诗的情景，"程登科推推眼镜，满脸自豪，"8岁时爷爷就教会我了。"

他们朗读、品味，敬佩的目光又扫向程登科。

"拂草如连蝶，落树似飞花。"读着这诗句，杨家春奇思妙想："咦，我改成'拂草如鹅毛，落树如棉花'怎么样？"

"比较一下。"我提醒。

"连蝶白，鹅毛也白，飞花、棉花也都白，读起来也通，他改的似乎也可以。"陈业盛是他好朋友，当然捧他。

"我感到杨家春改得不好，虽然诗句通，但没有裴子野的有诗味。连蝶，许许多多的蝴蝶，在飞，在舞，多么活泼，多有灵性；鹅毛飘舞，想想就逊色多了，这就像老师刚才讲的故事中的盐与柳絮的区别一样。"霍柳香的话刚落，同学们就对她鼓起了掌。

屏幕的诗句在不断出现，品读在继续，情趣似乎越来越浓，同学们都还摇头晃脑，咿咿有声，如同老牛反刍。

品读"六出飞花入户时，坐看青竹变琼枝"时，回答越来越精彩，雪花在屏幕背景中飘落，更是在教室里纷纷扬扬，纷纷扬扬在孩子的眼前和脑海里。

"'六出飞花'是什么？我猜就是指雪花吧，因为雪花是六瓣的。"

诗人就这么坐在家门口看着雪花飘舞，雪花甚至飘进了家里，飘到诗人身上，他也不拍一下。诗人就这么静静地看着，那么长的时间，青竹都积满雪，变成了晶莹的琼枝，多美——诗人定是如痴如醉了！

以六瓣的花比雪的形状之美，以洁白的美玉比雪的色泽之艳，比喻多贴切！

诗句中一"飞"一"变"，描绘出雪花飞舞之状、雪量之大、积雪之厚，太美妙了！

诗句中一"人"一"坐"，使人感受到北风之猛烈，人们无法走出家门，令人浮想联翩。

…… ……

我想继续出示古诗句，王怡婷突然站起来说："老师，让我们自己写写雪的诗歌，可以吗？"许多同学听了表示赞同。

开学以来，我每天都选抄一首简短优美的诗歌让他们读背，读背中引导他们仿写，他们也主动写了不少诗拿来给我看，现在他们有这样的情趣，我能不顺情而为吗？

"好哇，不过，我有个要求，那就是你们眼前要飘起雪花，然后再写。"

"这还不简单？"拿笔，抿嘴，闭眼。

我知晓，这时，雪花又一次翻飞飘舞在教室里。

不一会儿，一双双手举了起来，一句句诗脱口而出——

"天上有个大牧场/有许许多多的绵羊/一个老奶奶/正在剪啊剪/手脚麻利呢/不然，怎么会/飘下这么多羊毛"已赢得"小诗人"称号的汪黎雯第一个吟诵起自己的诗作。

语文成绩徘徊在及格分的方文祥站起来大声读："咦，云阿姨的大棉袄/怎么破了/你瞧，棉花飘得满天都是……"他刚读完，掌声就响起来了。

这掌声，激励了一个个同学，一首首童趣十足的小诗随眼前的雪花飘出，飘出——

"雪最淘气/它要帮大地妈妈整容/就涂上白白的护肤霜/呀，多白的脸！雪正得意时/哈，糟了——护肤霜流泪了"

"一只只白蝴蝶/在天空翩翩起舞/一会儿飘到树上藏起来/一会儿落到水里不见了/一会儿跳到你眉毛上与你游戏/一会儿钻到你脊背里给你挠痒痒/冰得你直打哆嗦"

"那是一块洁白的大毛巾/飘下来/给大地洗脸/那是一条毛绒绒的棉被/给大地盖上/让人们进入甜甜的梦乡……"

瞧，还有点古诗味儿的——

"六出雪花飘洒/点点枝头扶梅/太阳探头拍照/恰似——白玉镶着红宝石/楚楚动人"

"六出飞花雪纷纷，青瓦灰径抹琼粉。孩童散学归来早，呼兄唤妹堆雪人。"

…… ……

诗句一句句吐出，雪花一片片飞舞，掌声一阵阵响起，孩子们情趣盎然，激情飞扬。教学虽没按计划进行，我却特别满足、自豪！因为，雪花，始终在孩子们的脑海中，飞舞着，飞舞着；雪诗，不断在活跃的课堂上，流淌着，流淌着——

哈，诗情同雪花共舞！

附：学生习作

雪诗飞扬

（一）

□ 汪黎雯

天上有个大牧场
养着很多很多的绵羊
一个老奶奶啊
她在不停地剪羊毛
剪啊，剪啊
却忘了收拾
风来了
吹得羊毛漫天飞扬

（二）

□ 吴　丹

雪是一块洁白的大毛巾
飘下来
给大地洗脸
雪是一条毛绒绒的棉被

给大地盖上
让人们进入甜甜的梦乡

(三)
□ 徐晓敏

雪最淘气
它要帮大地妈妈整容
就涂上白白的护肤霜
呀,多白的脸!
正得意时
糟了——
护肤霜全化成水了……

(四)
□ 郑　煌

天上有一棵大大的梨树
梨花一下子全落了?
天上有一只大大的白鹅
鹅毛一下子全掉了?
天上有那么多的白蝴蝶
一下子全飞下来了?
这到底是怎么了……

(五)
□ 汪钱洋

咦
云阿姨的大棉袄怎么破了

你瞧
棉花飘得满天都是

（六）
□ 何雨扬

雪是一个贪玩的小孩
在树爷爷身上活蹦乱跳
任凭树爷爷怎样驱赶
它都不肯离开
树爷爷叫风婆婆来帮忙
婆婆呼呼呼地吹
雪却越粘越紧
太阳公公来了
烘着雪的身
暖着它的心
雪被感动得流泪了
悄悄潜到树根泥土里……

（七）
□ 杨劼刚

大雪飞白花，纷纷离天家。
大地皆一色，山水美如画。

教学案例

"化静为动写景物"教学实录及评析

教学时段：六年级。

教学目标：初步认识展开想象化静为动的写景状物方法，并展开想象，运用化静为动方法来写景物。

教学过程：

第一板块：品赏精彩悟其法

师：同学们，我们已经练习了有动有静写景状物，请同学们看看《燕子》这一段话，是动态描写还是静态描写？

（师出示——才下过几阵蒙蒙的细雨。微风吹拂着千万条才展开带黄色的嫩叶的柳丝。青的草，绿的叶，各色鲜艳的花，都像赶集似的聚拢来，形成了光彩夺目的春天。小燕子从南方赶来，为春光增添了许多生机。）

生：微风吹拂柳条、小燕子飞来是动态描写；青的草、绿的叶、各色鲜艳的花是静态描写。

生：不对，青的草、绿的叶、各色鲜艳的花也是动态描写。

生：青的草、绿的叶、各色鲜艳的花没有动啊，不是动态描写。

生：它们都像赶集似的聚拢来，"赶集""聚拢"，不是动态吗？

生：那仅仅是作者的想象，可这些景物是静态的呀！

师：天空下细雨、小燕子赶来是动态描写，大家没有争议。对于青草、绿叶和鲜花，同学们说得不错，确实的，青草、绿叶和鲜花本身是静止的，但是，由于作者展开了想象，它们"像赶集似的聚拢来"，"赶集""聚拢来"是动态，这种本来静态的景物，由于作者赋予了想象与情感，写出了动态。这种写法就是我们今天要学习的——化静为动。

【评析：引用学过的课文中的语句，结合刚刚学过的动静结合写景状物方法，引发讨论、争议，在"愤悱"的状态中，引出学习内容，自然，简明，有效】

生：哦，老师，你今天早上让我们背诵的朱自清的《春》里面就有许多这种化静为动的写法。

【评析：课前，学生背诵了运用化静为动写法的经典作品——朱自清的《春》的精彩片段。张教师的课堂，真是"不打无准备之仗"】

师：你真聪明。接下来就请同学们说说《春》里面哪些语句运用了化静为动的写法。

（师出示——一切都像刚睡醒的样子，欣欣然张开了眼。山朗润起来了，水涨起来了，太阳的脸红起来了。

小草偷偷地从土里钻出来，嫩嫩的，绿绿的。园子里，田野里，瞧去，一大片一大片满是的。"坐着，躺着，打两个滚，踢几脚球，赛几趟跑，捉几回迷藏"。风轻悄悄的，草绵软软的。

桃树、杏树、梨树，你不让我，我不让你，都开满了花赶趟儿……野花遍地是：杂样儿，有名字的，没名字的，散在草丛里，像眼睛，像星星，还眨呀眨的。）

生：生长着的小草本来是静态的，作者却说"从土里钻出来"，这儿就是化静为动的写法。

生：小草在微风中，"坐着，躺着，打两个滚，踢几脚球，赛几趟跑，捉几回迷藏"，这么玩闹着，更是化静为动的写法。

生：野花开在那儿，本来就是静止的，可是，作者却说"散在草丛里，像眼睛，像星星，还眨呀眨的"，我读着，就感到野花很顽皮，简直就是淘气不消停的孩子，在玩，在闹……

师：同学们说得真好，可见，我们都知道了这种化静为动的写法。我们再想一想，作者为什么要这么写呢？

生：这样写语言很美，给人丰富的想象。比如刚才杜昕妍说的"桃树、杏树、梨树，你不让我，我不让你，都开满了花赶趟儿"，简直是在进行一场比赛，多热闹啊！

生：是的，那野花，满地都是，不停地眨眼睛，多像撒野的孩子！

生（抢着说）：那小草在微风中，更是玩闹不停的孩子，你看不是吗？"坐着，躺着，打两个滚，踢几脚球，赛几趟跑，捉几回迷藏"，玩的花样那么多，变化那么快，比我们还会玩……（生笑）

【评析：学生明白了什么是化静为动，紧接着交流背诵的经典语段中化静为动的语句，这样顺势而学，学生情趣高涨】

师：朱自清这么写，我们读了感到小草啊、野花啊，都像是小孩子了。要知道，小孩子是充满朝气的，是最具活力的，这样化静为动，就写出了春天的勃勃生机，表达出自己对春天的喜爱和赞美之情。同学们，其实，我们学习的写景课文中，也有许多这种化静为动写法的句子，你们能找出来分析一下吗？（生翻课文）

生：《乡下人家》里有一句："几场春雨过后，到那里走走，常常会看见许多鲜嫩的笋，成群地从土里探出头来。"竹笋"成群地从土里探出头来"是化静为动的写法。

生：课文《草原》里这句也是："那些小丘的线条是那么柔美，就像只用绿色渲染，不用墨线勾勒的中国画那样，到处翠色欲流，轻轻流入云际。"草原一碧千里，翠色欲流，流入云际，流动了起来，给人想象，多美啊！

生：巴金《鸟的天堂》里这句也是的："那翠绿的颜色，明亮地照耀着我们的眼睛，似乎每一片绿叶上都有一个新的生命在颤动。"绿叶在颤动，是化静为动的写法。

生：这句不是吧？我们都说这里是静态描写，后面写鸟的活动才是动态，这课文是动静搭配的经典课文。（学生争论）

师：看来，同学们是"公说公有理，婆说婆有理"。我看啊，这一句是将静态的榕树的每一片树叶想象成一个新生命在颤动，是化静为动的写法，这与我们上课时说是静态描写不矛盾，因为整体上是静态描写，这样化静为动的写法，把榕树顽强的生命力展现在我们眼前，更好地表达了作者的热爱之情。

生：老师，我课外摘抄朱自清《荷塘月色》的这句话也是化静为动的写法："月光如流水一般，静静地泻在这一片叶子和花上……"月光照在叶子和花上，朱自清先生却说是"如流水一般，静静地泻在这一片叶子和花上"，这"泻"就把月光的动态写出来了，感觉月光洒在叶子上和花上，很柔很美，太迷人啦。

【评析：学生自己去寻找课文中化静为动写法的语句，并引发争论，他们在你一言我一语的争辩中，理解就会更深一层】

师（竖起大拇指）：看来你是真懂了化静为动的写法了，也真读懂了朱自清先生的这句精彩的话语了。同学们，其实啊，你们在写景状物的时候，也有采用化静为动写法的句子，不信，你们找一找。（生翻作文本）

生：老师，我这一句是吧：风停了，大街像用毛巾洗过脸一样，变得很干净。

师：嗯，想象不错，大街洗脸，化静为动。

生：枫树全都红了，像一团团火，在燃烧着，把我们的心都燃烧起来了，很热很热。

师：静态的枫叶红红的，你比喻成火在燃烧，动起来了，化静为动，写出枫叶的红艳火红之美。

生：我作文中也有一句老师在边上写了一个"妙"字：西干山的披云亭，高高地立在山顶，就像是一只老鹰，展翅在"绿云"之中……

生（抢着说）：老师给你批注的"妙"，就妙在你展开想象，化静为动，把披云亭比作老鹰，在山顶展翅。

【评析：学生寻找自己习作中化静为动写法的语句，在交流之中，不仅感受到这种写法的好处，更重要的是感受到这种写法并不难——我们已经写过了——这为后面引导他们化静为动写语句做了很好的铺垫】

第二板块：提笔习作用其法

师：看来，你们还真了解了老师的那个"妙"字的含义，也真懂了化静为动的写法了。如果老师让你们化静为动来写景，你们会吗？

生：会。

师：你们说说，该怎么来写呢？

生：要化静为动，当然要让静止的景物动起来。

师：嗯，很好，让静态景物动起来。（板书：静态→动态）

生：要化静为动，我认为首先必须展开想象，不然就写不出来。

师：对，要展开想象。（板书：展开想象）

生：我们可以采用拟人、比喻等修辞手法来写，就容易化静为动，这样写才生动形象。

师：这是很好的方法，我们欣赏的许多化动为静的语句，都是采用比喻、拟人等修辞手法来写的。同学们再看看我们刚才交流的句子，好好体会体会。（板书：拟人、比喻等修辞手法化静为动）

生："青的草，绿的叶，各色鲜艳的花，都像赶集似的聚拢来"就是采用拟人的方法化静为动的。

生："桃树、杏树、梨树，你不让我，我不让你，都开满了花赶趟儿"也是用拟人来写的。

生：刚才郑甜甜读出来的那一句，是采用比喻的方法，把披云亭比喻成展翅的老鹰来化静为动的。

…… ……

生（着急）：老师，让我们写一写化静为动的语句吧。

【评析："你们说说，该怎么来写呢？"张老师让学生讨论交流，并在具体语句的感悟中，引导他们总结方法：展开想象，采用拟人、比喻等修辞手法化静为动，这方法就如春雨点点，在学生的心田滋长出冲动：老师，让我们写一写化静为动的语句吧】

师：我们现在就应王宁的要求，采用化静为动的方法，自由写一个语句，内容不限。大家有信心写好吗？

生：有！

（生写，老师巡视指导）

师：写好了，我们交流交流。

生：麦叶又细又长，又柔又嫩，他们吮吸着晶莹的雨露，争先恐后地生长，好像在比谁长得高、长得快。

生：吴红蕾采用拟人的方法，写出了麦苗的生长，在比谁长得高、长得快，化静为动，生动有趣。

生：一走进方佳慧家的庭院，你就会看见一棵万年松的盆景。那万年松的一根枝条独自向外伸展着，就像伸出的长长的手臂，迎接每一位来客：欢迎您，请进！

生：她家真有这盆景，我那次去也看见了，也有这感觉。

师：看来，方佳慧热情好客，汪群蕾善于观察，写出了让别人产生共鸣的语句，了不起！

生：爬山虎的叶子，一片连着一片，你拉着我，我拉着你，彼此相拥着，一起向上爬去。

生（抢着）：杨湘玮写爬山虎的叶子，真妙，不仅写出了爬山虎奋力往上爬的情态，还写出了爬山虎团结协作的精神。

师：看来，同学们写化静为动的语句是小菜一碟了，那我们再加一点难度，你们敢接受挑战吗？

生（纷纷）：有什么不敢的。

师：好，我们来写化静为动的片段，既然是片段，就不是一句了，要我给内容吗？

（生有要的有不要的，议论纷纷）

师：这样，我提供两个内容，一是走进秋天的果园，一是夏夜的星空。这两个内容可以选一个来写，当然也可以写自己想写的。展开你们想象的翅膀，写出你们精彩的片段吧！

（生写）

【评析：给定内容，就框死了学生；不给内容，漫无边际，有的学生又不知写什么。张老师提供他们熟悉的内容：秋天的果园和夏夜的星空，学生有选择、有自由】

师：大家都已经写好了，读出来一起欣赏欣赏。

生：我是写飞布山的松树。飞布山上的松树，不怕山高，不怕风吹雨淋，把根深深地扎在泥土中岩石里，有的身子直直的，使劲地顶着，怕天上的云压下来似的；有的身子斜斜的，像是在向下望着，等着谁回来；有的枝叶在半空中舒展着，像是要多晒些太阳；有的伸出手臂又像是在和清风白云游戏；有的像撑开的一把墨绿大伞，等着你去乘凉……

生：吴珍珍的这段话，用了排比的句式，写出飞布山松树的不同形态，每一种形态都用了化静为动的写法——"使劲地顶着""向下望着，等着谁回来""晒些太阳""和清风白云游戏""撑开的一把墨绿大伞"。她的这段话，我好像在哪儿看过，也是写松树的。

生（议论纷纷）：抄来的？

生：我是根据自己的想象写的，不是抄的。

师：吴珍珍这段话不是抄来的，她是凭着阅读记忆，展开想象写出来的。为什么这么说？你们看过的语句，是不是李健吾先生写的《雨中登泰山》中的？我背给你们听："它们不怕山高，把根扎在悬崖绝壁的隙缝，身子扭得像盘龙柱子，在半空展开枝叶，像是和狂风乌云争夺天日，又像是和清风白云游戏。有的松树望穿秋水，不见你来，独自上到高处，斜着身子张望。有的松树像一顶墨绿大伞，支开了等你。有的松树自得其乐，显出一副潇洒的模样……"（生鼓掌）吴珍珍写的与他不完全一样，学以致用，这很好！可见，平时多阅读，对习作帮助可大啦！（生点头）

【评析：张老师在课堂上背出李健吾《雨中登泰山》的语句，并说："可见，平时多阅读，对习作帮助可大啦！"这轻松的一背诵，简单的一句话，对学生的触动很大。可见，教师平时的阅读积累沉淀，会使动态的课堂收到意想不到的效果】

师：我们继续交流。

生：我是写秋天的果园。走进果园，哈，一派热闹的景象苹果树上的苹果，似乎很怕羞，面对来来往往的人，都红了脸；柿子是怕别人撞着，提着一只只小灯笼在提醒人们；橘子你挨着我，我挤着你；石榴咧开了嘴，露出了牙齿笑着；梨子都从抱着的纸袋中，探出头来，闷死我了，我该透透气了……

生：张锦国展开想象将秋天果园热闹的景象描写了出来，苹果羞红脸，柿子提着灯笼，橘子互相挤着，石榴咧嘴笑着，梨子探出头，它们都动起来了，真好。

生：我是写夏夜星空的。夏天夜晚的天空，真够迷人的！是谁，穿着蓝色的衣服，驾着月儿这只小船在划，划得这么轻、这么慢，让人感觉不到月儿在前行。星星们都在忙着自己的活儿，你瞧，银河边那一颗星星，想睡觉了，就是扯不动身边的云被子，独自眨巴着眼睛打着盹儿！再看那边几颗星星，围成了猎人模样，是准备去打猎吗？还有北边的那七颗星星，排成了一个勺子舀着什么新鲜的汤汁给谁喝呢？牛郎星和织女星，隔着银河，遥遥相望……

生：王思晴把夏夜的星空写得真美，月儿在划船，牛郎星织女星隔河相望，这都一般，但是把猎户座的星星想象成在打猎，把北斗七星想象成勺子舀汤，就有些新鲜有趣，化静为动，多妙！

…… ……

师：同学们，今天我们学习了化静为动写景物的方法，都写了优美的语句和精彩的片段，请课后修改修改，誊写到作文本上。下课。

【总评】

习作技巧，该如何在课堂上引导？张老师的这节课，给我们很大的启发。

一、在具体语言环境中习得方法

我们知道，运用技巧，往往会把事情做得更快更好。引导学生学习习作技巧，这无可厚非，关键是我们该如何引导。《义务教育语文课程标准》提出：不能脱离实际运用，而应该根据语文运用的实际需要，从遇到的具体语言实例出发，进行指导和点拨。张老师的引导，就在于他让学生在多层次的语言环境交流中习得方法。先是由课文《燕子》的语句导入，在学生的争议中引出化静为动，初步感知；紧接着顺势交流早上刚刚背诵的朱自清《春》的经典语段，进一步理解；这还不够，让他们到课文中去找相关语句深入体会；更妙的是"同学们，其实啊，你们在写景状物的时候，也有采用化静为动写法的句子，不信，你们找一找"。这样，在老师安排的经典语段、寻找课文语句以及学生自己写的句子等不同语言环境中，通过多次交流体会，化静为动的含义及其妙处，就如同春雨，一滴滴滋润到孩子们的心田。

二、习作引导呈现梯度性

张老师在主持实施省级课题"小学生习作梯度性训练体系的实践与探究"，取得了初步的成果，他的这节课，就充分体现了习作训练的循序渐进。第一板块的"悟其法"我们前面已经分析了，《燕子》语句初步感知→《春》的顺势交流→寻找课文语句分析→读出自己写的句子，梯度性很明显，这是为第二板块"用其法"一步步打基础。在"用其法"中，张老师更是一步一个脚印，先让学生在具体语句中悟得方法，这一点，张老师做得很好，怪不得课堂上学生主动提出来要写作；紧接着，张老师让学生写一个句子交流，这对学生来说很简单；交流之后，再写片段。这样子，张老师搭建梯子，并从旁指引着，学生就一步一梯攀向习作高峰。从学生描写的精彩语句中，我们似乎一下子明白：习作技巧，可以引导；习作教学，不能缺失必要的技巧指导。

有一种引导叫巧妙

学生写作文最大的问题是泛泛而写，不具体，不生动。如何引导？谈永康老师指导学生写橘子给我们的启示很大。请看教学片段——

师：现在我们来看这树上橘子的不同姿态。请看橘子树。（出示照片）

生：树上有三个结在一块儿的，有两个结在一块儿的，还有单独一个的。

师：各不相同。我们请六位同学上台来表演。（请四男二女共六位同学）你们看看照片，觉得树上的橘子是怎样的姿态，然后表演出来。（六个同学开始表演一个橘子、两个橘子、三个橘子）先说说一个橘子的姿态。谁来？

生：有的树枝上只有一个橘子，看起来非常孤单。

师：很好，谢谢你。两个橘子是怎样的姿态，大家看清楚了吗？（两个女生蹲在一块儿演示两个橘子的姿态）请这位男生。

生：我觉得它们像一对姐妹。

师：你的想象很美！

生：有的橘子两个拥抱在一起……

师：你们演得非常好，让这位男生有了灵感。看看这三个男生（围在一块儿）。这三个男橘子（生笑）像不像照片上的三个橘子？

生：像。

师：你发现了什么？

生：有的三个橘子紧挨在一起，就像三兄弟在说悄悄话。

生：这三个橘子，紧紧挨在一起，就像三个好朋友，形影不离。

师：用了一个非常好的词语——

生：形影不离。

师：你们都由橘子想到了人。谁还有不同的说法？

生：就像三个伙伴在一起拍皮球。

师：拍皮球？橘子会动吗？像在玩什么比较合适？

生：就像在一起玩木头人游戏。

…… ……

谈老师不像一般老师说的"要写具体啊，写生动啊"那样空洞强调，而是先让学生看照片，观察橘子树上的橘子，接着引导学生表演橘子的不同姿态，然后交流表述。这过程看似简单，却十分巧妙。在相对比较枯燥的习作学习中引入学生喜欢的表演，极大地激发了他们的学习兴趣；更重要的是，让学生表演橘子，橘子就转化成了人，学生眼前的橘子人格化了，有了生命，有了情感。这样，将学生引入描写意境与领会描写方法融合在一起，真可谓巧妙！学生都用比喻、拟人等修辞手法来描述橘子的姿态，形象生动，十分有趣："有的橘子两个拥抱在一起……""有的三个橘子紧挨在一起，就像三兄弟在说悄悄话。""这三个橘子，紧紧挨在一起，就像三个好朋友，形影不离。"即使学生说出不恰当的语句，但一经点拨，学生脱口而出：就像在一起玩木头人游戏——多么有童趣，又多么有创意！

有一种引导叫巧妙，感谢谈老师这样的习作引导！

>>> 习作点评更需"水的且歌且舞"

　　一位年轻老师上了一节习作点评课，我有幸参与了听课，觉得执教老师能抓住学生习作中存在的普遍问题来指导学生，但是，点评不顾及学生的感受，这也是当前许多语文教师在学生习作点评时存在的通病。现摘取其中一个教学片段来进行剖析，并提出改进意见，与大家分享。

　　师：同学们，请看屏幕。

　　（月亮阿姨回过头来，叫醒她的孩子——星星，让他们也去做客。

　　他们来到大海，看见了美丽的景色。

　　海王说："我们为你带来了精彩的表演。"

　　首先小海龟表演……）

　　师：看看谁是火眼金睛，能很快找出毛病？

　　生：月亮阿姨来到大海，海王就让她看节目，这太突然了。

　　生：应该补上海王迎接月亮阿姨的内容。

　　师：对，这个语段存在的毛病就是：缺少必要的交代。

　　（师板书：缺少必要的交代）

　　师：同学们，我们写文章要按顺序一一写清楚，比如前面这个语段就缺少海王迎接月亮阿姨这必要的交代，大家明白了吗？

　　生：明白。

　　师：希望写这个语段的同学补上这部分内容。我们再来看看下一个语段，又存在什么毛病？（同学们都睁大眼睛盯着屏幕）

　　…… ……

　　这个教学片段，我觉得很值得思考。教师把学生习作中存在的问题展示在大家面前，让大家找出毛病，但教师课前没与小作者沟通，课后也没有交流，"看看谁是火眼金睛，能很快找出毛病""希望写这个语段的同学补上这部分内容"，教师的语言又这么直白，小作者会是什么感受？"我们再来看看下一个语段，又存在什么毛病？"当老师说这话时，那睁大的一双双眼睛，不是急着去找毛病，而是看看投影出来的是不是自己的语段——这在学生的心里，注入的不是期待、欣喜，而是担忧、焦虑！

教师虽没说小作者是谁，但由于简单化的指导，再加上教学语言缺乏艺术性，学生也许能清楚——罗列展现的习作毛病，却在极大的程度上打击了学生习作的自信和情趣，得不偿失。

泰戈尔说："使卵石臻于完美的，并非锤的打击，而是水的且歌且舞。"其实学生习作的点评，更需"水的且歌且舞"！鉴于此，教师可作如下改进：批阅习作时，教师先让小作者知晓存在的毛病，并引导其修改好。课堂上，教师投影出语段——

师：请同学们读一读，你发现了什么？（生回答）

师：某某同学，你对他的点评，有什么看法？（小作者评价别人的点评）

师：小作者修改补充之后的语段，同学们想欣赏吗？（师投影出修改后的语段）

师：前后对比，有什么感觉？（学生交流）

师：习作时必要的交代是必不可少的。这是某某同学给我们的启发，我们应该怎样？（生鼓掌感谢）

师：某某同学，你有收获吗？

师：对啊，好文章是改出来的，这又是他给我们的启发，我们再次用热烈的掌声谢谢他。（生鼓掌再次感谢）

…… ……

"异口同声"与"异口异声"

《可贵的沉默》教学片段——

老师引导学生读："知道!""知道!"孩子们异口同声地回答。

生：老师，我有一个问题，孩子们是异口同声地回答，写一个"知道了"就行了，怎么写两个？写两个不是"异口同声"，而是"异口异声"了。

师：呀，我们的孩子越来越会读书了，能边读边思考了，能提出一些有价值的问题了，还能巧妙创造词语"异口异声"，你太棒了！（师伸出大拇指）

师：谁能回答郑甜甜的这个问题？

（生思考沉默）

师："异口同声"是什么意思？孩子们回答的是老师的什么问题？他们回答时是什么心情？读读有关语句，想一想。

生：老师，我明白了，他们虽然说的是一样的话，但不是同时说出来的，所以用两个，可以看出大家都很兴奋，都神气十足。

师：王思晴真会思考！这是"异口同声"，文中也有"异口异声"，大家找出来读读。

生：先是一两声，继而就是七嘴八舌："问爸爸!""不，问外婆!""自己查爸爸的身份证!"

生：那些爸爸妈妈不约而同地说道："我那小家伙真懂事了呢!""他祝我生日快乐!""他送了我礼物!""他给我写信叫我不要烦恼!""他会体贴人了!"

师：读读想一想，作者是怎么写这些"异口异声"的？

生：把说的那些话一句一句写下来。

生：每一句话都打上引号。

师：你们真会读书！我们来比较一下，如果写有的同学说"当然祝贺了"，有的同学说"祝贺的"，意思一样的，好不好？

生：不好，不简洁。

生：如果这样写，显得很啰唆。

师：我们多读读这些语句，好好体会下这种"异口异声"写法的简洁、干净。

（生读）

师：我们也来写一写"异口异声"，好吗？

生：好！

师：我们设想一个场景，比如几个人在一起讨论问题，比如小鸟开会，比如叶子面对盛开花朵的议论纷纷……

（生练笔）

师：写好了，我们来交流一下。

生：校园的一棵大树上，鸟儿们叽叽喳喳的，仿佛在讨论着什么："我们去小河边，看看鱼儿游来游去，多有趣。""还是去花园吧，花儿都开了，五彩缤纷，多美！""去田野吧，天气暖和了，许多虫儿都出来了，有好吃的。"……最后，他们都飞到森林里去了。

师：鸟儿们讨论去哪里的情景，写得有意思！

生：嫩绿的叶子看到盛开的鲜花，议论开了："太美了，我要是有这么美多好啊！""花儿多鲜艳啊！看，还有蜜蜂在上面舞蹈呢。""不仅仅是美啊，细细闻一闻，还有香气呢。"……花儿听了，脸蛋更红了。

师：写了叶子赞美花儿的情景，此处应该有掌声啊！（生鼓掌）

生：要下雨了，正在搬食的蚂蚁议论纷纷："下雨了，我们赶快回家吧。""对，不然要淋湿了，多不好！""不能跑，我们得把食物运回去，不然，食物被雨水冲走，就没有了。""如果雨水太大，把我们冲走可不好了。""不要费口舌了，还是趁下雨之前把食物运进洞吧。"蚂蚁们说完赶紧把食物往洞里搬。（学生掌声）

师：怎么样，下雨前，蚂蚁们的争吵很有趣吧！

……　……

潘新和教授说：探究内容背后"为什么要写这个内容""为什么这么

写这个内容", 这才是阅读教学的关键。

案例中, 教师面对学生提出的问题, 没有冷落, 也没有机械地传授, 而是表扬提出问题的同学之后, 把问题巧妙地抛给学生, 让他们自己去思考去解决; 当同学们明白了之后, 教师并不罢休, 还让他们找出课文中描写 "异口异声" 的语句, 读一读, 并将语句改写成 "有的……有的……" 的句式, 让他们比较, 领悟 "异口异声" 语句表达的简洁干净; 最后创设情境进行练笔, 仿照写一写 "异口异声" 的片段。通过如此一步步的引导, 学生就明白了作者怎么写, 为什么这么写, 实现了管建刚老师倡导阅读课 "指向写作" 的目标。

值得一提的是学生能自主提出有关 "如何写" 的问题, 可见, 教师在平时的阅读教学中就注重 "指向写作", 让学生在阅读时 "怀上" 了 "写作意识"。我想: 教师长期这样渗透、引导, 学生定会 "孕育" 出 "写作技能" 这强健难得的 "孩子"!

"都是您这'老狐狸'惹的祸"

>>>

　　著名特级教师于永正老师在作文指导课上，与孩子们聊聊考试的感受之后，让他们进行了一场别开生面的考试——五分钟考试，要求读完题，只做一、二两题。由于考试"惯性"，许多同学没有按要求写，感到被"耍"了，于是有了以下的师生对话——

　　师：作文就是有感而发，把看到的、听到的、自己很有感触的事和现象动笔写一写，在这种情况下写的作文，一般都有真情实感。这件事你确实感受很深，那你一定会把作文写好，真正好的作文不在于字数多少，只要把你想说的话说出来，把你要表达的意思说清楚了，都是好作文……就今天这次考试，把你最想说的写下来。你准备先定个什么题目呢？

　　生：智者千虑，必有一失。

　　师：好题目！

　　生：都是您这"老狐狸"惹的祸。（生大笑）

　　师：哇！在你面前，我变成了"老狐狸"！我相信这个"老狐狸"是加引号的。如果加引号，我就接受；不加引号，我就要难受了！

　　生：加！

　　师：加引号说明，第一，我不是"老狐狸"；第二，我不是在骗你。我一再说大家要细心，把每个字看清楚，一定要按要求做。为什么你不做呢，那到底怪谁呢？

　　生：怪我这支笔！

　　师：除了怪你这支笔，还应该怪什么呢？（指指该生的脑袋）这就找到根源了，既不怪我这"老狐狸"，也不怪这支笔，而该怪自己的大脑，请你写下来——用"到底怪谁？"作题目好不好？

　　……　……

　　课堂上，于老师的话语总是那么温和、那么亲切。孩子没有压力，不会伪装，不会掩饰，想说什么就说什么，他们心灵的花朵是舒展的、开放的，不仅充分绽放出心灵迷人的花朵，连心灵的杂草也自然显露出来，于是就有了"都是您这'老狐狸'惹的祸"这样不和谐的话语——让学生自然流露自己的情感和认知，展现本真的自我，这才是真实的课堂，这才是真正的课堂！唯有这样的真课堂，才是真教育。于老师的语文课堂，学生总是笑声不断且妙语连珠，这是为什么？这与于老师始终真诚微笑着的亲和力是分不开的。

　　"都是您这'老狐狸'惹的祸"，大家哄堂大笑时，于老师没有丝毫的不悦，微笑着对孩子说："我相信这个'老狐狸'是加引号的。如果加引号，我就接受；不加引号，我就要难受了！"孩子马上说："加！"从这简单的一个"加"中可以看出，于老师的话语不仅让孩子意识到自己说了不该说的话，而且在无形中强化了引号的作用，真是话语巧妙，处处是语文啊。试想：如果老师满脸怒容一脸不悦，那学生会是一种怎样的反应？

　　面对学生心灵的杂草，于老师不仅表现出教师应有的大度，更为可贵的是能巧妙地以"那到底怪谁呢"的问题引发孩子去思考，去追寻问题的关键和实质，并建议以"到底怪谁？"为题来写。于老师的这几句话，可谓四两拨千斤，瞧："……我得出一个结论，于老师没什么错，怪只怪我们太粗心了。如果说于老师是只'狐狸'的话，那么他就是一只聪明的、老谋深算的'狐狸'，而我们不就是由于粗心而误入陷阱的兔子吗？如果老师们都像于老师这样，那我们岂不都是很聪明的学生了吗？总而言之，干什么事都不能急于求成，要细心才能干好事。"从学生的习作中，我们可以看出：学生主动拔除杂草，美化心灵的花园。试想，如果没有于老师的巧妙诱导，学生会有这么深刻的认识吗？

　　仅学生"都是您这'老狐狸'惹的祸"一句话，我们就能感悟到于老师的温和大度与智慧，这该是我们语文老师一生不懈的追求。

文言文，孰为汝多难乎

文言文凝练、难懂，读起来却自有节奏、自有韵味，若能抓住其言语特征，循序渐进引领学生来品读、领悟、表达，就能化难为易，让他们也能说文言文，从而喜欢上文言文。

《两小儿辩日》的教学片段——

师："孰为汝多知乎？"这句话是什么意思？

生：谁说你懂得的知识多呢？

师："知识多吗"可以说"多知乎"。"事情做得多吗"怎么说？

生：多劳乎？

师：你们还能说多什么乎？

生（纷纷举手）：多德乎？多美乎？多丑乎？多乐乎？多爱乎？多贪乎？……

师：将改后的句子说完整，试一试。

生（摇头晃脑）：孰为汝多德乎？孰为汝多能乎？孰为汝多愁乎？……

师：两小儿为什么对孔子说"孰为汝多知乎"？

生：两小儿的疑问他不能回答。

生：太阳什么时候离我们近，什么时候离我们远，他都不知道。

师：能将刚才的句子，换成文言文的句式来回答吗？

生：吾辈小儿之疑惑汝亦未能答，孰为汝多知乎？

生：日何时去我们远？日何时去我们近？汝却未知，孰为汝多知乎？

师（伸出大拇指）：真不容易，你们不是古人却能说出文言文，掌声在哪里？

（生鼓掌）

师：我们也来学学古人，说说文言文，怎么样？

生（情趣盎然）：好啊！

师：就按刚才的句式：前半句是原因，后半句是结果，会吗？会？好，想想，力求说清楚。

（生思考）

师：我们来交流交流。

生：汝未知天，汝未知地，汝未知山，汝未知水，孰为汝多知乎？

生：汝未扫地，汝未洒水，汝未擦桌子，孰为汝多劳乎？

生：汝昼不读书，夜不写字，孰为汝好学乎？

生：吾文不擅绘画写字，武不会棍棒刀剑，孰为吾多才乎？

……　……

师：真不错……

生（抢着说）：老师，我还要说一句有关的文言文。

师：好啊。

生：文言文，吾能说，汝能说，他能说，孰为其多难乎？

师：是啊，文言文并不难，只要我们多读多练，就一定能学得很好。

……　……

下课后，许多同学互相说着：孰为吾多傻乎？吾人高马大，强壮有力，孰不为吾魁梧乎？字大大小小，涂涂改改，孰为汝作业整洁乎？汝脸大眼小，嘴大鼻小，孰为汝多美乎？……

课堂上，学生的发言可谓精彩，课后还在说文言文，情趣高涨，关键在于教师抓住语言训练的特点，由词到句，由易到难，梯度上升。

先说古言短语，从"孰为汝多知乎"中抽出关键短语"多知乎"，让学生仿说。这很简单，于是"多德乎？""多老乎？""多愁乎？""多爱乎？""多笨乎？""多美乎？""多丑乎？"……学生说得不亦乐乎，真可谓"多多乎""多乐乎"！

紧接着，由短语过渡到句子。老师由"孰为汝多知乎"追问原因，根据课文内容学生用现代语言回答后，教师又引导他们用文言文句式来表达。这样子由果溯因，由现代语转化成文言文，一步一个阶梯，由易到难，学生说出文言文，水到渠成。

最后让学生跳出书本，自由表达。"我们也来学学古人，说说文言文，怎么样？"老师富有挑战性的语言点燃了学生表达的欲望，他们观察、思考后，说得不亦乐乎。虽然有的句子不是那么规范，但已有文言文的味道了。更重要的是他们说得饶有情趣，下课之后，还互相戏说着，这是语文课堂的"余音绕舌"——我们语文教师多么渴求的课堂境界！

>>> 真·诚·趣

——感悟名师张祖庆习作课堂三味

著名特级教师张祖庆指导习作《我的小伙伴》，让人回味无穷，请看下面的教学片段——

师：我们来交流一下，让你印象最深的人是谁？

生：嘻嘻，章同学。

师：他让你印象最深的是哪一点？

生（笑着揭发）：他老是说一些让人听了头皮发麻的话。

师：举个例子！

生：比如要收作业本了，他就会小声地柔柔地用娘娘腔似的语气说——交作业了……（生拿腔作调的模仿引来一阵大笑）

（师让生在黑板上板书：娘娘腔）

生：老师，章同学老是拿小同学开玩笑。（板书：捉弄人）记得上次，章同学发现书本上有一只蜘蛛，吓得把书本扔得老远。

师：嗯，请板书——怕蜘蛛。

生：章同学喜欢六年级的一个沈同学。

（话音刚落，教室里哄堂大笑。有的同学居然把沈同学的大名说了出来，大家笑得更欢了。此时黑板上呈现如下的板书：1. 娘娘腔；2. 捉弄人；3. 怕蜘蛛；4. 喜欢沈同学）

师：喜欢女同学是正常的，张老师小时候也喜欢过女同学。不过，只是喜欢哦。如果让你用两件事来写章同学，你觉得哪两件事可以结合，突显章同学某一方面的特点？

生：我觉得1和3可以结合，以此来突出章同学娘娘腔的特点。

生：我觉得2和4可以结合，表现出章同学率真的一面。

生：1和4也可以结合，说明章同学很大胆。一个男生当着大家的面可以表现娘娘腔的一面，大胆；可以把喜欢的女生告诉大家，大胆。

生：3和4可以组合，章同学虽然怕蜘蛛，但是不怕美女——沈同学。

（又是一阵大笑）

师：同学们说了许多。章同学呢，不怕当靶子，让大家讨论了一番，你心里一定在骂那些说你的同学吧？哈，要骂你就骂我吧！但是，我相信，你心里一定坦荡荡，对吧？喜欢一个同学，并没有错哦。就像咱们读过的《草房子》中纸月喜欢桑桑一样，是吗？（章同学点点头）

…… ……

我们平时引导学生写身边的小伙伴，一般都会写什么助人为乐啦、热爱劳动啦、拾金不昧啦……都是那些"高大上"的内容，失去了孩子的本真。张老师的课堂，完全不同，孩子们在无拘无束的状态下，绽放"童真"，释放个性，优点缺点一一显现，什么"娘娘腔""喜欢女同学""捉弄人"等真实可爱的性格，在孩子的具体事例中显露无遗，是那么生动有趣、那么吸引人。仅仅这个教学片段，我们就能深刻感悟到张老师习作课堂的灵魂——真（写真人，抒真情）。真，也是我们为人作文的灵魂，是医治当今学生作文"假大空""虚假"的灵丹妙药。

孩子们"真"的个性，往往隐有缺陷，不喜欢别人提起，尤其是在课堂这种公众场合，教师如果处理不当，会给孩子带来情感上的负担，甚至伤害。当同学们对章同学的"怕蟑螂""喜欢沈同学""娘娘腔""捉弄人"进行交流时，张老师心细如丝，随时关注章同学的感受："喜欢女同学是正常的，张老师小时候也喜欢过女同学。""同学们说了许多。章同学呢，不怕当靶子，让大家讨论了一番，你心里一定在骂那些说你的同学吧？哈，要骂你就骂我吧！但是，我相信，你心里一定坦荡荡，对吧？"张老师说这些话时，望着章同学，他的话说得很真诚，也很巧妙，就冲"要骂你就骂我吧"和"你心里一定坦荡荡"这样温情暖心的话语，章同学定会跳出常戚戚之类的负面情绪而自然坦荡荡起来，真可谓"诚"中见智啊。

交流出章同学的"怕蟑螂""喜欢沈同学""娘娘腔""捉弄人"这四件事，张老师似乎在引导他们做趣味数学题："如果让你用两件事来写章同学，你觉得哪两件事可以结合"？学生情趣盎然，马上思考，巧妙组合，可是，这组合又与做数学不尽相同，因为有组合标准："突显章同学某一方面的特点"。张老师将习作的选择材料和组织材料方法巧妙地隐含在情趣的数学组合游戏之中，实在是高妙！

　　真，触及学生习作之魂；诚，触及学生习作之情；趣，触及学生习作之法。细细"把玩"张老师习作课堂此中三昧，真是妙不可言……

抓住典型句型，发散"凑成"外貌

三年级语文下册课文《燕子》教学片段——

师：课文抓住燕子的什么特点来描写外形的？

生：课文抓住燕子乌黑光亮的羽毛、俊俏轻快的翅膀和剪刀似的尾巴来写的。

［师投影：一身（　　　　）羽毛，一对（　　　　）翅膀，加上（　　　　）尾巴，凑成了（　　　　）小燕子］

师：对着投影能背出来吗？（生背）

师：如果没有括号里的词语，你读读，有区别吗？

生：有区别，没有括号里词语的具体描绘，读起来就显得干巴没味道。

生：加上括号里的词语，我们仿佛就看见了一只活泼机灵的小燕子。

师：说得真好，读了这一段话，我们眼前仿佛浮现出活泼机灵的小燕子。作者是采用怎样的语言描写出来的？

生：作者是通过"一身……，一对……，加上……，凑成……"这样子的句式写出来的。

生：这样写，读起来感到很舒服。

师：描写燕子外形的语言，我们都很喜欢。既然喜欢，我们就仿照课文的句式写一写自己熟悉的动物。（生练笔）

师：谁来读读你笔下的动物？

生：一对微微下垂的耳朵，两只宝石般闪亮的眼睛，加上四条跑得飞快的腿，凑成了我家活泼可爱的小狗狗。（生鼓掌）

生：一身洁白如雪的绒毛，一对高高竖起的耳朵，加上红红的眼睛和

短短的尾巴，凑成了活蹦乱跳的小兔子。（生鼓掌）

生：一个红红的鸡冠，一身金黄发亮的羽毛，加上跑东跑西的两只脚，凑成了每天给我们报晓的大公鸡。（生鼓掌）

…… ……

师：同学们真不错，采用课文的句式写了动物。能不能用这样的句式来写人的外貌呢？想一想，接着写一写。（生练笔）

师：写好了，我们来交流交流。

生：一头乌黑的长发，一张白皙的脸，一张小巧的嘴，加上一身红色的衣裤，就凑成了我们组的小组长——叶淑婷。

师：看看叶淑婷，还真是这么凑成的。（生笑）

生：两只乌溜溜的眼珠，一个高高的鼻子，两片动个不停的嘴唇，两只会动的耳朵，头顶上铺着黑黑的短发，就凑成了我们组长胡文斌的脑袋瓜儿。

师：呀，张锦国还真会观察，写出了胡文斌脑袋瓜儿的特点。同学们，我们还可以用这句式来写写物品吗？试一试吧。（生练笔）

生：一层黄黄的圆圆的不厚也不薄的表皮，一肚子挨挨挤挤在一块亲如兄弟的橘片，加上叶柄上一片青绿的叶子，就凑成了酸酸甜甜的橘子。

师：郑甜甜真厉害，会用多个词语来形容："黄黄的"是一层意思，表示颜色；"圆圆的"又是一层意思，表示形状；"不厚也不薄"是第三层意思，表示厚度。真不容易。

生：一条长长的背带，一个大大的可以装许多书的背篼，加上一条活动的拉链，就凑成了我可爱的书包。

师：嘿，怪不得你望望抽屉才写！看着眼前的事物来写，是聪明的。

生（望着挂钟）：一圈红色的圆边，三根长短不一走得快慢不一的针，加上透明的玻璃钟面，就凑成了我们看时间的挂钟。

师：你还真厉害，看着就说出来了。

…… ……

怎么抓住课文典型的句式来训练语言表达？这是我们在每堂语文课上都该思考的问题。《燕子》开头描写燕子的句子，就是很有代表性的语言，以上教学片段给了我们很好的启发。

教师抓住句子的特点，让学生读背，不仅让他们领受语言的美妙，而且使他们感受其结构特点："如果没有括号里的词语，你读读，有区别吗?"通过阅读与比较，他们明白：有了修饰语，能把事物写生动写具体。在此基础上，教师再引导他们仿写。仿写内容不是单一平面的，而是有梯度有层次的："仿照课文的句式写一写自己熟悉的动物"，紧扣课文句子练写动物；"能不能用这样的句式来写人的外貌呢"，将内容拓展到人的外貌；"还可以用这句式来写写物品吗"，将内容延伸到物品。这样从动物到人的外貌，再到物品，一次次发散开去，一步步训练，一层层上升，学生对这种典型句式的表达就逐渐熟悉并熟练起来，也逐步将其内化成自己的表达方式了。课堂上学生精彩的语言给我们极大的惊喜——这就是我们语文教学所极力追求的境界。

>>> 后　记

《小学梯度性习作教学》终于出版了。

书终于出版了，我心里自然是激动的。作为默默坚守课堂教学研究的普通教师，能出版属于自己的专著，那是以前从没想象过的。然而激动之余，也不免有些惶恐。同行之间既有赞誉，也不免会有一些不解：普通老师出什么书？这不是想出风头吗？我会惶恐。梯度性系列的设计还在继续，梯度性习作课堂实践在拓展、在延伸，梯度性习作教学体系尚不完善，故而，我会惶恐。如果读者看了之后没有什么收获，我更是惶恐。

也正由于此，到底出不出这本书，我纠结了好久好久。后来，让我豁然开朗的是同事鼓励的一段话——怕什么，这是你一步一个脚印教学实践出来的文字，是你踏踏实实做出来的文章，对我们这些一线老师来说，能接受到实实在在的启发，这是多么有意义的事，你还犹豫什么……

是啊，这样一想，也就释然了。这本书不是我进行作文教学实践的起点，也不会是终点，它的到来水到渠成，是梯度性习作教学这条路的一个里程碑。

有人说，出版一本书就如同"生一个孩子"，我这"孩子"似乎生得稍微容易一些，打趣地说，像是在地里干活，一不小心就"哇"一声下地了，"母亲"自己"咬断脐带"把"孩子"抱回家。书中的文章有一大半都是在《小学语文教师》《小学教学》《小学语文教学》《教育文汇》等杂志上发表过的，还有几篇文章荣获省级一、二等奖。当决定要出版这本书时，我做得最多的就是把这些文章按顺序整理而已。

　　一本属于自己的著作出版了，要感谢的人、感谢的话真的很多很多，千言万语汇成一句话：感谢所有帮助我的领导、同事和好友，是你们的鼓励和警醒，才让我孕育了平凡一线教师的"孩子"。

　　俗话说，有一必有二，有二必有三，那你的书会不会一而再、再而三来呢？好多同事、好友这么问我。我只是笑笑——

　　还是留待时间去决定吧……

图书在版编目(CIP)数据

小学梯度性习作教学/张剑平著. —合肥:合肥工业大学出版社,2019.4
ISBN 978 - 7 - 5650 - 4460 - 1

Ⅰ.①小…　Ⅱ.①张…　Ⅲ.①作文课—教学研究—小学　Ⅳ.①G623.242

中国版本图书馆 CIP 数据核字(2019)第 054857 号

小学梯度性习作教学

张剑平　著			责任编辑　张　慧	
出　版	合肥工业大学出版社	版　次	2019 年 4 月第 1 版	
地　址	合肥市屯溪路 193 号	印　次	2019 年 9 月第 1 次印刷	
邮　编	230009	开　本	710 毫米×1010 毫米　1/16	
电　话	人文编辑部:0551 - 62903205	印　张	16	
	市场营销部:0551 - 62903198	字　数	246 千字	
网　址	www.hfutpress.com.cn	印　刷	安徽昶颉包装印务有限责任公司	
E-mail	hfutpress@163.com	发　行	全国新华书店	

ISBN 978 - 7 - 5650 - 4460 - 1　　　　　　　　定价: 42.00 元